LE DROIT À LA NATIONALITÉ CONGOLAISE D'ORIGINE

CRITÈRES DE RECONNAISSANCE

Du passéisme haineux à l'humanisme moderne

Collection « Études africaines »

dirigée par Denis Pryen et son équipe

Forte de plus de mille titres publiés à ce jour, la collection « Études africaines » fait peau neuve. Elle présentera toujours les essais généraux qui ont fait son succès, mais se déclinera désormais également par séries thématiques : droit, économie, politique, sociologie, etc.

Dernières parutions

Debeau MUNAYENO MUVOVA et Didier PIDIKA MUKAWA, *Covid-19 au Congo-Kinshasa, Représentations sociales et gestion publique au cœur d'une crise sanitaire*, 2021.
Safiatou DIALLO, *Politiques de santé en Guinée, de la colonisation au début du XXIe siècle*, 2021.
Gaptia LAWAN KATIELLOU, Vieri TARCHIANI et Maurizio TIEPOLO (dir.), *Risque et adaptation climatique dans la région de Dosso au Niger*, 2021

Julien IRUMU AGOZIA-KARIO, *Spiritualité logo au contact de la colonisation*, 2021.
NIAMKEY-KOFFI, *La notion de système philosophique. Spinoza et Nietzsche*, 2021.
Mylène DANGLADES, Babou DIÈNE et Denis Assane DIOUF (dir.), *L'esclavage en mots/maux et en images,* 2021.
Benjamin KAGINA SENGA, *Quelle protection pour les enfants déplacés et refugies non accompagnés en République démocratique du Congo ?,* 2021.
Christian ROCHE, *Les pionniers des indépendances africaines face à leur destin. Colonies françaises d'Afrique noire et territoires de l'océan Indien,* 2021

MUKENDI MUKENDI NTANTAMIKA

LE DROIT À LA NATIONALITÉ CONGOLAISE D'ORIGINE

CRITÈRES DE RECONNAISSANCE

Du passéisme haineux à l'humanisme moderne

L'Harmattan

Du même auteur

Droit des ressources naturelles *: éléments d'élaboration, d'analyse et d'évaluation des lois, éditions L'Haramattan, Paris, 2019*

L'Harmattan 2021
5-7, rue de l'École-Polytechnique ; 75005 Paris

http://www.librairieharmattan.com

ISBN : 978-2-343-24789-2
EAN : 9782343247892

À la mémoire de toutes les victimes de l'exploitation électoraliste de la haine ethno-xénophobe, dans laquelle la République Démocratique du Congo est piégée depuis son indépendance.

INTRODUCTION

La création d'un État souverain se fonde sur le constat de ses éléments constitutifs, historiquement précréés, et non sur un acte prospectif de leur formation; elle repose ainsi sur l'identification de son territoire, de sa population et de la capacité d'autodétermination de cette dernière, dans la logique historique de leur formation et la perspective future de son développement. S'agissant de l'identification de la population, elle se fait sur base d'une règle de reconnaissance du droit à sa nationalité, dont la double finalité réelle est de répondre au *besoin d'enracinement* de tous les individus établis sur son territoire et y formant son patrimoine humain historique, ainsi que d'assurer leur unité, leur cohésion et leur solidarité par l'accès équitable à leurs droits fondamentaux.

Contrairement à cette nette vérité, la RDC s'est fondée dans le déni de son patrimoine humain historique, tel que formé sous la colonisation dans un processus d'urbanisation de son territoire et d'industrialisation de son économie, qui, jusqu'à ce jour, aspire et brasse ça et là des individus d'origines ethniques et nationales diverses. Ce déni de réalité trouva sa justification dans l'option démagogique des politiciens de faire coïncider l'indépendance du nouvel État moderne avec la restitution de son patrimoine humain historique dans son éparse composition autochtone ou précoloniale. La RDC est depuis lors piégée dans un processus de fragmentation haineuse de sa fondation humaine, présentant une faille xénophobe à l'échelle nationale, reproduite en bien de failles ethniques, tribales ou claniques à l'échelle provinciale et locale. À l'indépendance comme à chaque échéance politique, la lutte pour le contrôle du pouvoir provoque des éruptions haineuses expulsant à travers toutes ces failles : d'abords les *étrangers* (colons et ressortissants des pays voisins) hors du pays, puis les congolais *allogènes* ou *non originaires* hors de telle ou telle autre province ou collectivité locale.

Ce processus suicidaire n'est évidemment pas une fatalité postcoloniale, mais bien un choix politique constant et délibéré des politiciens moins soucieux du développement intégral de leur pays, que de la conquête du pouvoir et de sa jouissance égoïste et clientéliste. Dans le premier souci, le patrimoine humain historique de la RDC devrait être soumis à une réflexion et une action politiques visant sa valorisation, son unité, ainsi que la cohésion et la solidarité entre ses éléments, en vue de sa réaffectation à la construction de la nouvelle nation ; mais le second souci prévalant, il fut dévalorisé et soumis à une impitoyable arithmétique ethno-électorale le divisant en *bans* et *arrières-bans* ethniques des politiciens, unis dans une même haine éparse, et réaménageant le territoire national en *fiefs électoraux exclusifs*, où chacun s'affirme par la stigmatisation des autres, dont la suite éventuelle est quasi mécaniquement l'épuration ethnique.

La photo sur la couverture de cet ouvrage est une récente illustration de cette mécanique sismique et mortifère à l'œuvre dans la fondation humaine de la RDC. Le fait se passe à Boga, une localité de la province de l'Ituri où affluent des migrants rwandophones congolais, originaires de la province voisine du Nord-Kivu, continuellement en proie à une violence ethnique résiduelle, consécutive à la guerre des Grands-Lacs de 1998-2002. Cette province d'Ituri étant elle-même déchirée par des rivalités ethniques pour l'accès aux ressources naturelles et au pouvoir local, cet afflux populaire y modifie les rapports de force démographique et l'arithmétique électorale, en gonflant le potentiel de suffrages des *politiciens autochtones* qui y sont favorables, ou en en formant un autre pour ses propres politiciens *non originaires*. Les *politiciens autochtones* défavorisés recourent alors aux théories du complot xénophobes diabolisant et stigmatisant les malheureux migrants comme des forces d'avant-garde, venues du Rwanda et de l'Ouganda pour servir de cinquième colonne à un plan d'occupation, de balkanisation et d'accaparement des ressources du territoire national. Il n'en faut pas plus pour ouvrir dans l'opinion publique nationale un attractif *sillon nationaliste*, où viennent surenchérir des politiciens fourbes, des pseudo-intellectuels et activistes bornés, en quête de visibilité populaire. Au moi de juin 2020, le gouvernement s'y est laissé attirer, pour faire bonne figure dans un contexte de violence terroriste et ethnique qu'il peine à endiguer : dans le compte rendu du Conseil des ministres, tenu à cette date à Bunia, Chef-lieu de l'Ituni, il a dû imputer démagogiquement cette violence aux malheureux migrants dits « banyabwisha ». Question de s'attirer, dans la rwandophobie ambiante, les faveurs d'une bonne partie de l'opinion publique.

C'est au lendemain de la diffusion de ce compte rendu du Conseil des ministres qu'il y a eu cette éruption de violence ethnique, illustrée par la photo sur la couverture : dans une catalyse des haines et phobies populaires, des « autochtones » s'en sont violemment pris à leurs paisibles compatriotes « Banyabwisha », massacrant douze personnes, dont ce malheureux enfant arraché de bras de sa mère, elle-même tuée à la machette. Il faut relever en passant l'absence de toute réaction socio-judicaire contre ce crime, commis dans un quartier résidentiel, et ses auteurs.

À travers ces failles xénophobe et ethniques du patrimoine humain historique de la RDC, nous pouvons voir, œuvrant tout au fond, une funeste et constante volonté politicienne qui, l'envisageant moins comme un facteur de développement que comme un simple facteur électoral, s'efforce démagogiquement de le restituer et de le conserver dans sa composition tribale primitive et fragmentée. Dans cet état, il est en effet plus aisé d'en exploiter les failles xénophobes et ethniques, dont le racinaire de haines et phobies est plus facilement convertible en suffrages électoraux. Cette funeste volonté est cristallisée dans une règle de reconnaissance de la nationalité congolaise d'origine, qui a longtemps fondé l'identification du patrimoine humain national sur le *critère d'ascendance tribale précoloniale*, reformulé actuellement en un *critère d'appartenance ethno-territoriale*. L'application de cette règle s'est ainsi faite, se fait et se fera toujours en contrepoint de l'évolution historique du patrimoine humain de la RDC, telle qu'imprimée par le progrès de l'urbanisation, de l'industrialisation et du commerce, en ce qu'il aspire, brasse et enracine à des endroits du territoire national des individus d'origines ethniques et de nationalités diverses.

Fondatrice de la première République, cette règle de nationalité était sensée acter et normaliser la première faille xénophobe apparue sur le patrimoine humain historique du la RDC, causée par le ressentiment anticolonial ayant idéologiquement et politiquement déteint la lutte pour l'indépendance, et par laquelle il fallait en expulser les *étrangers*, c'est-à-dire les colons en premier lieu, et les ressortissants des pays voisins en second lieu ; elle a fini cependant par y introduire un principe diffus d'autochtonisation, qui y a multiplié des failles ethniques et tribales, à travers lesquelles il rejette ou tend à rejeter les congolais *non autochtones* ou *non originaires* de tel ou tel autre endroit du territoire national, sujet à des rivalités politiciennes ou économiques ; et elle est devenu ainsi le principe d'une nation avortée, pervertie en un système de rente ethno-électorale, où à moindre coût idéologique et intellectuel, des politiciens de rencontre peuvent naturellement bénéficier des suffrages électoraux dérivés de la haine ou de la méfiance ethniques.

Ainsi que nous allons le voir et le démontrer, la cause immédiate de la violence politico-ethnique à la base de la *guerre des Grands-Lacs* de 1997-2002 fut bien une remise en cause légale et officielle des évolutions historiques du patrimoine humain de la RDC, sur base de ce principe diffus de son autochtonisation, exploité à des endroits divers en raison principalement des arithmétiques électorales favorables aux leaders *autochtones*.

Une telle démarche rétrograde devait impliquer mécaniquement l'épuration ethnique du Katanga visant les « originaires » de la province Kasaï, et celle visant à travers tout le pays, particulièrement dans les Kivu, toutes les populations rwandophones menacées d'expulsion ou de déportation vers le Rwanda et le Burundi (pays supposés de leurs lointaines origines ancestrales), et dont la diabolisation conspirationniste est devenu (pour des politiciens fourbes et démagogues) une doctrine diplomatique nourrissant une dangereuse et explosive angoisse sécuritaire dans la sous-région.

Dans cette réalité mortifère, la présente réflexion a pour dessein de démontrer, à travers l'histoire politique de la RDC, les ressorts passéistes et haineux à la base de la règle de reconnaissance du droit à la nationalité congolaise d'origine ; dévoyée dans sa nature, son objet et ses fonctions modernes, elle est destinée à maintenir la fondation humaine de l'État dans une situation de fragmentation haineuse, à y inspirer tout un système de violence politico-ethnique et à y créer un réel risque sécuritaire et politique : les masses populaires rejetées çà et là, à travers les différentes failles ethniques et tribales peuvent bien résister à leur déracinement par une violente rébellion logiquement soutenue par les États voisins vers lesquels on les repousse, ou constituer du *matériel humain* disponible pour le terrorisme international à prétentions territoriales. Il faut donc priver ce système de violence politico-ethnique de toute base légale lui conférant une apparente normalité sociopolitique, et lui opposer une règle de droit qui le restitue dans sa véritable nature criminelle.

Ainsi, cette démonstration de la nuisance sociopolitique de l'actuelle règle de reconnaissance du droit à la nationalité congolaise d'origine, sera suivie d'un exposé des éléments justificatifs de sa rectification nécessaire. Déduits de la juste conception de la nationalité d'un État moderne, ces éléments permettent de restaurer cette règle dans la vérité de sa portée, de son objet et de ses fonctions, par rapport à ses véritables enjeux au sein d'une république démocratique. Il s'agira ainsi, principalement, de disqualifier le critère d'alliage des appartenances ethno-territoriales primitives, et de la redéfinir sur base du seul critère objectif et raisonnable : le besoin et la volonté d'enracinement social, politique et économique, exprimés par chacun des individus établis à un endroit du territoire national, en y concentrant tous ses moyens d'existence (résidence habituelle et profession) et toutes ses relations sociales (famille, amis).

Seuls ce besoin ou cette volonté d'enracinement, ainsi réellement exprimés, sont raisonnablement convertibles en une citoyenneté active et judicieuse, enjeu fondamental de la nationalité d'origine d'un État moderne. La reconnaissance de cette dernière consiste donc à répondre à ce besoin ou à acter cette volonté, par la juridicialisation du lien historique qui s'en déduit entre l'État et les individus participant réellement à sa destinée, et qui implique à charge de l'un l'obligation de garantir aux autres la jouissance équitable des droits fondamentaux politiques, civils, économiques, sociaux et culturels. Par l'accomplissement de cette obligation, l'État assure, en tout temps et à tous les endroits habités de son territoire, l'unité, la cohésion et la solidarité au sein de son patrimoine humain historique.

Dans le souci de faire rectifier et refinaliser dans ce sens le critère de reconnaissance du droit à la nationalité congolaise d'origine, le présent livre s'ouvre sur des préliminaires sémantiques exposant les éléments de la conception générale moderne de ce droit *(Chapitre I)* ; il dévoile ensuite les ressorts sociaux, idéologiques et politiques de son dévoiement sémantique et fonctionnel dans un passéisme haineux *(Chapitre II)* ; et il suggère enfin un critère de sa reconnaissance, conforme aux standards internationaux, inspirés de l'humanisme moderne et pratiqués par la plupart des États africains, issus de la décolonisation. *(Chapitre III)*

Chapitre I : PRELIMINAIRES SEMANTIQUES

Avant d'entrer dans le vif du sujet, il faut préciser la notion générale de nationalité **(I)**, ainsi que celle de droit à la nationalité d'origine **(II)**

I NOTION GÉNÉRALE DE NATIONALITÉ

Préciser la notion de nationalité revient à en donner la définition **(1)**, de manière à en déduire les caractéristiques **(2),** les sortes **(3)** et les sources **(4)**

1 Définition

Pour saisir le contenu de la notion de nationalité, on combine généralement les éléments de ses définitions juridique, doctrinale et jurisprudentielle, dont il résulte cette évidence qu'il s'agit d'une notion consubstantielle à un État souverain et que, comme ce dernier, elle est plus une construction socio-politique et juridique qu'un lien naturel de parenté ethnique ou tribale.

En droit international, la nationalité est un lien juridique entre une personne et un État qui, suivant la doctrine, signifie : une « *appartenance juridique à la population constitutive d'un État*[1] », ou « *un lien politique en vertu duquel un individu fait partie des éléments constitutifs d'un État*[2] » ou encore « *un lien fondamental impliquant des droits et des obligations réciproques*[3]» ; d'où la jurisprudence la définit comme : « *un lien juridique ayant à sa base un fait social de rattachement, une solidarité effective d'existence, d'intérêts, de sentiments jointe à une réciprocité de droits et de devoirs* » ; ou « *l'expression juridique du fait que l'individu auquel elle est conférée, soit*

[1]Henri BATIFFOL, *Traité élémentaire de Droit international privé*, 2e Édition, No. 60.
[2]James FOX, *Dictionary of international and comparative law*, Oceana Publications, 1992, page 297.
[3]CIJ, Affaire Nottebohm (*Liechtenstein contre Guatemala*), arrêt du 6 avril 1955, page 20

directement, soit par la loi, soit par un acte d'autorité, est, en fait plus étroitement attaché à la population de l'État qui la lui confère qu'à celle de tout autre État »

Tous les États modernes[4] ayant hérité de populations à multiple identité culturelle ou constituées d'individus d'origines diverses, la définition de la nationalité sur base de données confessionnelles, raciales et ethniques n'est plus appropriée.

2 Caractéristiques

De la définition de la nationalité proposée ci-avant, il ressort les caractéristiques suivantes :

- *un lien juridique ou réciprocité de droits et de devoirs* : il signifie que la nationalité est un rapport de droit entre un État et un individu impliquant pour ce dernier la jouissance de l'ensemble des droits civils, politiques, sociaux et économiques reconnus exclusivement aux ressortissants de cet État, en contrepartie de devoirs requis par la défense, le maintien et le fonctionnement de ce dernier.
- *ayant sa source dans une loi ou un acte d'autorité* : comme droit subjectif, la nationalité résulte directement d'une loi (nationalité d'origine) ou d'une décision de l'autorité politico-administrative prise conformément à cette loi (nationalité acquise)
- *basé sur un fait social de rattachement à l'État* : il s'agit généralement du fait de naître sur le territoire de cet État, du fait de naître d'une personne ayant la nationalité de ce dernier ou du fait d'y avoir son principal domicile, tous ces faits étant légalement circonstanciés de manière à en déduire un enracinement réel au sein du corps social structuré par l'État.
- *basé sur une solidarité effective d'existence, des sentiments et d'intérêts* : s'agissant d'une donnée subjective, cette solidarité est toujours objectivée par le fait social de rattachement tel que défini ci-dessus.

[4]Issus de révolutions démocratiques contemporaines et de la décolonisation

3 Sortes

Il existe deux sortes de nationalité distinguées suivant le moment et le mode d'acquisition : la *nationalité d'origine* et la *nationalité acquise*.

La nationalité d'origine est celle que la loi confère ou reconnait d'office à une personne en raison d'un fait social de rattachement à l'État ; elle est ainsi acquise du simple fait soit d'être né ou de naître sur le sol de l'État, soit de s'y être établi de façon durable, ou d'appartenir coutumièrement à une de catégories ethniques de sa population, ou soit de naitre d'une personne l'ayant acquise dans ces trois conditions. Dans le premier et le deuxième cas, le droit de nationalité est comme rattaché au territoire de l'État (*Jus soli*), et dans le troisième et quatrième cas, il est comme rattaché à sa population ou son élément constitutif humain (*jus sanguinis*).

La nationalité acquise est celle qu'une personne, apatride ou ayant une autre nationalité, acquiert par voie de demande ou de simple déclaration d'option, suivant les procédures légales de l'État qui l'octroi, et à la suite d'un fait ou acte juridique donné (naturalisation, mariage, adoption, acquisition de la nationalité par l'un de parents…)

II NOTION GÉNÉRALE DE DROIT A LA NATIONALITÉ D'ORIGINE

La notion générale de droit à la nationalité d'origine se construit dans un contexte sociopolitique, où elle trouve sa justification et son intérêt **(1)**, ainsi que sa définition **(2)** et ses caractéristiques **(3)**.

1 Justification et intérêt

Énoncée à l'article 15 de la déclaration universelle des droits de l'homme de l'ONU, la notion de droit à la nationalité d'origine se justifie dans le contexte d'après 2ième guerre mondiale, où, au terme des révolutions démocratiques, du démembrement des anciens empires et de la décolonisation, la succession d'États accroit le risque d'apatridie identifié comme la négation ra-dicale des droits de l'homme de tous ordres.

Il y a succession d'États dans tous les cas où un nouvel État, issu d'une révolution démocratique, de la décolonisation, du démembrement d'un État antérieur ou de la fusion des États antérieurs, hérite de l'administration souveraine d'un territoire et d'une population[5]. Dans ce cas, les pesanteurs identitaires ou politiques peuvent emmener des élites politiques de l'État successeur à restreindre l'accès à sa nationalité d'origine, de sorte qu'une partie de sa population soit réduite à l'apatridie. Cette dernière génère des risques humanitaire (déplacement massif des populations ou épuration ethnique) et sécuritaire (révolte, rébellion ou terrorisme), dont les coûts de gestion sont généralement transférés à la Communauté internationale. Il y a donc lieu d'affirmer le droit à la nationalité d'origine comme un droit fondamental de l'homme, et d'encadrer par la règle de droit internationale la définition de la nationalité par les États, de manière à prévenir ces risques.

Ainsi, les États membres de l'ONU ont amorcé une réflexion tendant à définir le droit à la nationalité d'origine, comme un droit fondamental opposable à tout État successeur d'un autre. L'Assemblée Générale de l'ONU avait, par sa Résolution 48/31 du 9 décembre 1993, institué à ce sujet la *Commission du Droit international sur la Nationalité des Personnes physiques en relation avec la succession d'États* (CDI). En 1999, cette dernière a adopté le *projet d'articles de la Commission du Droit international sur la Nationalité des Personnes physiques en relation avec la succession d'États*, soumis à l'Assemblée générale des Nations Unies qui l'a inscrit à son ordre du jour par sa résolution *55/153* du 30 janvier 2001, et le recommande aux États membres issus d'une succession d'États.

---

[5]Définition inspirée de l'article 2 du projet d'articles de la Commission du Droit international sur la Nationalité des Personnes physiques en relation avec la succession d'États

2 Définition

Il n'existe pas encore de définition consacrée du droit à la nationalité d'origine, mais il est possible d'en déduire une de la combinaison des articles 1ier, 4, 5 et 7 du *projet d'articles* de la CDI, ainsi libellés :

- « toute personne physique qui, à la date de la succession d'États, possédait la nationalité de l'État prédécesseur, quel qu'ait été le mode d'acquisition de cette nationalité, a droit à la nationalité d'au moins un des États concernés, conformément aux présents articles » (article 1)
- « les États concernés prennent toutes les mesures appropriées pour empêcher que les personnes qui possédaient la nationalité de l'État prédécesseur à la date de la succession d'États ne deviennent apatrides du fait de cette succession » (article 4)
- « sous réserves des dispositions des présents articles, les personnes concernées qui ont leur résidence habituelle sur le territoire affecté par la succession d'États sont présumées acquérir la nationalité de l'État successeur à la date de cette succession » (article 5)
- « l'attribution de la nationalité en relation avec la succession d'États, tout comme l'acquisition de la nationalité par l'exercice d'un droit d'option, prend effet à la date de cette succession si les personnes concernées devaient être apatrides durant la période séparant la date de la succession d'États de la date de l'attribution ou de l'acquisition de cette nationalité » (article 7)

De tout ce qui précède, nous pouvons, dans le cas spécifique d'une succession d'États, définir le droit à la nationalité d'origine comme un *droit fondamental et originaire qui, à l'avènement de l'État successeur, est naturellement attaché à toute personne historiquement liée aux éléments constitutifs naturels de ce dernier, c'est-à-dire sa population et son territoire*[6]*, de sorte qu'elle participe réellement à sa destinée.*

[6]Sans préjudice du droit de l'État successeur de reconnaitre le droit à la nationalité d'origine aux personnes ayant participé au processus de sa formation juridique. Il est arrivé en effet que des États issus de longue lutte de libération ou de révolution démocratique reconnussent la nationalité d'origine aux personnes ayant contribué aux actes majeurs de leur fondation.

3 Caractéristiques

De cette définition du droit à la nationalité d'origine, nous pouvons déduire les caractéristiques suivantes :

- *c'est un droit fondamental* : c'est-à-dire un droit consacré à un niveau normatif supra légal (article 15 de la déclaration universelle des droits de l'homme), qui conditionne la jouissance ou l'exercice de tous les autres droits humains fondamentaux, nécessaires à l'épanouissement et à la réalisation du potentiel humain (*droit d'avoir des droits*), et qui est comme tel consubstantiel à la dignité de la personne humaine ;
- *et originaire naturellement attaché à toute personne* : il s'agit d'un droit originaire et non créé par un acte juridique (Constitution, loi ou convention internationale) ; il est une évidence qui s'impose à la souveraineté de l'État successeur ; il implique l'obligation de ce dernier de le reconnaitre et un droit de résistance pour tout individu concerné qui s'en trouverait privé ; comme tel, il devient effectif dès la naissance de l'État successeur ou, s'il est exclusif, dès que l'individu concerné ayant une autre nationalité opte pour la nationalité de cet État :
- *historiquement liée à la population et au territoire de l'État successeur* : ce lien historique peut résulter du fait d'avoir son domicile sur le territoire hérité par cet État depuis une période déterminée avant son avènement ; du fait d'avoir été soumis, quant à la définition de son statut personnel, à la souveraineté de l'État antérieur exercée sur le territoire légué ; ou du fait d'appartenir à une des ethnies constituant la population de l'État successeur, sans que ce critère ne soit exclusif.

Toutes ces caractéristiques du droit à la nationalité d'origine traduisent l'effort universel et humaniste de consacrer une définition plus inclusive et préventive de toute exclusion arbitraire, et fondée sur des critères objectifs, auxquels l'appartenance ethnique s'ajoute comme un critère inclusif de tout individu relevant culturellement ou coutumièrement des ethnies autochtones du territoire hérité par l'État successeur.

Chapitre II : LE PASSEISME HAINEUX

Le critère de reconnaissance de la nationalité congolaise d'origine se déduit d'un passéisme haineux caractérisé durant la 1^{ière} République par le déni xénophobe de l'héritage colonial **(I)** ; durant la 2ième République, par l'affirmation passéiste de la règle d'épuration tribale du patrimoine humain historique de la RDC **(II)** ; durant la transition démocratique, par le basculement dans l'épuration ethnique rwandophobe et une rectification en trompe-l'œil, **(III)**, et durant la 3ième République, par l'idéologisation rwandophobe de l'épuration ethnique du patrimoine humain national **(IV)**

I PREMIÈRE RÉPUBLIQUE : le déni xénophobe de l'héritage colonial

Par un inventaire préalable des éléments constitutifs naturels du Congo belge **(1)**, nous pouvons prendre la mesure du déni xénophobe de l'héritage colonial au moment de l'indépendance **(2)**, qui induit une fragmentation haineuse du patrimoine humain historique de la RDC, où on peut cependant relever des velléités de son maintien et de sa réaffectation postcoloniale **(3)**

1 Inventaire préalable des éléments constitutifs naturels du Congo belge

À sa transformation en République Démocratique du Congo, le Congo belge est naturellement constitué d'un patrimoine territorial **(1.1)** et d'un patrimoine humain **(1.2)**

1.1 Patrimoine territorial

En 1960, le patrimoine territorial du Congo belge est constitué d'un archipel de possessions coutumières dites « terres indigènes » **(1.1.1)**, éparpillées sur un vaste territoire constituant le domaine de l'État **(1.1.2)**

1.1.1 Archipel de possessions foncières coutumières dites « terres indigènes »

À sa création en 1885, l'État Indépendant du Congo (EIC) fut un immense projet d'appropriation souveraine du bassin du Congo, qui était alors un immense territoire inexploré, où étaient éparpillées des possessions foncières coutumières ou villages, qui furent légalement régies comme « terres indigènes ».

Le premier acte de ce projet d'appropriation territoriale fut l'ordonnance royale du 1ier juillet 1885 stipulant : « Nul n'a le droit d'occuper sans titre des terres vacantes, ni de déposséder les indigènes des terres qu'ils occupent ; les terres vacantes doivent être considérées comme appartenant à l'État » ; il implique ainsi une reconnaissance des possessions foncières coutumières de différents groupements ethniques ou tribaux, et une appropriation étatique de vastes étendues de terres inoccupées.

« Possession foncière coutumière » est la qualification juridique de formes d'occupation et d'utilisation collectives des terres par les populations indigènes, qui en attribuent la propriété aux ancêtres. Ces *propriétés foncières ancestrales* ne s'étendaient pas au-delà de terres effectivement occupées et utilisées au moyen des techniques rudimentaires de survie collective, de sorte que les étendues de terres non occupées et non revendiquées ont, en droit international public de l'époque, le statut de *terra nullius* dont l'appropriation se faisait suivant la règle de *droit du premier occupant.*

Cependant, à l'indépendance, l'imaginaire collectif indigène, déteint par le ressentiment anticolonial, ignorera ce domaine foncier colonial, pour restituer l'ensemble du territoire national dans son état d'occupation précoloniale et fragmentaire ; et se le représenter prospectivement comme une fusion ou union des *possessions foncières coutumières* ou *terres indigènes* ; de sorte que les politiciens feront toujours du rattachement à ces dernières le seul critère d'appartenance originaire à la nation congolaise postcoloniale.

1.1.2 Les domaines privé et public de l'État

L'appropriation étatique (sous l'EIC), puis coloniale (sous le Congo belge) de l'étendue de terres non occupées par les indigènes, dites « *terres vacantes* », s'effectua sous des formes juridiques différentes, suivant leur affectation.

En effet, suivant l'ordonnance royale du 1ier juillet 1885, ces terres domaniales furent initialement ouvertes à l'accès privé par voie de concession et sous un régime d'autorisation ; puis elles furent partiellement érigées, par le décret royal du 30 octobre 1892, en domaine privé et exclusif de l'État, au sein du quel fut érigé un *domaine de la couronne* réservé exclusivement au Roi des Belges ; et qui fut transformé plus tard, par le décret du 3 juin 1906, en *domaine national,* essentiellement affecté au développement socio-économique des populations indigènes. Lors du transfert du territoire à la Belgique en 1908, toutes les terres de l'EIC formèrent, suivant le décret du30 juin 1913 portant code civil, le domaine privé ou public du Congo belge, affecté au développement de ce dernier ; et elles furent, pour leur mise en valeur, attribuées aux particuliers à titre de concession ou de propriété.

Ainsi, la structure territoriale ou foncière du Congo belge présentait de vastes terres domaniales, mises en valeur ou viabilisées par et pour ce dernier, en y déployant toute l'infrastructure physique d'un État moderne (villes, usines, voies de communication) ; et en sur ce domaine foncier, étaient éparpillées des possessions foncières coutumières érigées en « *terres indigènes* », et qui y étaient juridiquement annexées.

Cependant, la liquidation xénophobe du Congo belge impliqua dans l'imaginaire collectif la dilution de son domaine foncier dans une union fictive des *propriétés foncières ancestrales,* et la représentation du territoire national comme issu de cette union constitutive, par ailleurs, de la nation congolaise. Il devrait en résulter que l'appartenance originaire à cette dernière procède du rattachement à une *propriété foncière ancestrale*.

1.2 Le patrimoine humain du Congo belge

En plus du patrimoine territorial, le Congo belge était constitué d'un patrimoine humain, dont il faut préciser la composition **(1.2.1)** et la structure **(1.2.2)**

1.2.1 Composition

À l'indépendance, le patrimoine humain de la Colonie était constitué de toute une population, d'où étaient prélevées les ressources humaines mobilisées et organisées, en vue de sa construction et son maintien tout au long de la période coloniale, de manière à former son *infrastructure humaine.*

En effet, pour la mise en valeur de son immense domaine foncier et le contrôle des *terres indigènes*, l'EIC, puis le Congo belge y avait organisé l'établissement des colons (belges) et autres européens, transformé les « *terres indigènes* » en réservoirs de main d'œuvre locale, complétés par la main d'œuvre fournie par les indigènes de colonies voisines et ceux des territoires sous tutelle belge : le Ruanda-Urundi. Tous avaient constitué une même force de travail que l'État colonial organisa et déploya sur son immense domaine foncier, en vue de l'affecter à la construction et au maintien de ses infrastructures commerciales, résidentielles, administratives et économiques, que la RDC hérita.

Ainsi à l'indépendance, le patrimoine humain historique de ce qui devint la RDC comprenait les colons établis sur le territoire légué par la Congo belge, ainsi que les indigènes de toutes origines ethniques ou de toutes nationalités, tels que soumis indistinctement à un même statut personnel par les lois coloniales, suivant qu'ils furent *immatriculés* ou *non immatriculés*.

1.2.2 Structure

Lorsque le Congo belge succéda à l'EIC, il hérita d'un patrimoine humain en pleine évolution, qu'il structura en fonction du statut personnel des habitants, légalement défini et constituant pour les indigènes immatriculés une sorte de *proto-citoyenneté* par rapport au pouvoir colonial. À son chapitre 2, la Charte Coloniale du 18 octobre 1908 structurait la population de la Colonie suivant les catégories suivantes, auxquelles s'a-joutèrent plus tard les *ressortissants du Ruanda-Urundi* :

1) *les indigènes non immatriculés* :

Ce sont les *indigènes du Congo belge* et ceux *des contrées voisines*, établis sur le territoire colonial, et qui sont principalement soumis, en ce qui concerne leur statut personnel et leurs biens, à leurs us et coutumes ancestraux ; ils relèvent ainsi de *circonscriptions indigènes*, sont justiciables des *juridictions indigènes*, et jouissent tous, sans distinction de leurs origines ethniques, de mêmes droits par rapport à l'autorité coloniale.

Avant l'établissement de l'ordre colonial, les indigènes étaient organisés, au sein de *possessions foncières costumières*, en clans (cellules sociales de base) regroupés en unités tribales, et celles-ci en regroupements ethniques. Par le décret du 3 juin 1906, ils furent réorganisés en *chefferies indigènes,* en vue d'associer l'autorité coutumière à l'établissement et au maintien de l'ordre public colonial sur les *terres indigènes*. Ceci impliqua une réorganisation de l'ordre sociopolitique précolonial : le choix ou la déchéance des chefs ont commencé à se faire suivant les critères d'aptitude définis par l'autorité coloniale ; l'administration coloniale se donna le droit de décider la dissolution des entités claniques, tribales ou ethniques et leur rattachement à des *chefferies indigènes* dirigées par des chefs coutumiers reconnus et jugés aptes, et érigées en *circonscriptions indigènes*, dotées d'organes délibérants et juridictionnels.

En vue de maintenir l'unité sociale des entités ethniques séparées par les nouvelles frontières de la colonie, le pouvoir colonial pris le décret du 02 mai 1910 portant réorganisation des *chefferies indigènes*, dont l'article 3ème rattache au Congo belge les indigènes provenant de contrées voisines en ces termes : « les indigènes qui viendront ultérieurement de colonies limitrophes feront partie de la chefferie et de la sous-chefferie où ils fixeront leur résidence[7]».

Cette gestion coloniale des *chefferies indigènes* impliqua çà et là, à travers la Colonie, (plus particulièrement dans le Sud-Kivu et Nord-Kivu) une dépossession foncière des entités claniques ou tribales et leur dilution dans celles dont étaient issues les chefs reconnus aptes à assurer l'ordre public colonial, et l'ouverture de la *circonscription indigène* aux *indigènes des contrés voisines,* assimilés aux autochtones. Tous les indigènes jouissaient cependant de mêmes droits par rapport à l'autorité coloniale, qui avait pour mission d'améliorer leurs conditions d'existence, en favorisant l'expansion de leur liberté individuelle, leur accès à la propriété privée et au mariage monogamique[8].

2) les indigènes immatriculés ou « Congolais » :

Ce sont les indigènes issus de la catégorie ci-dessus, dont le statut personnel, du fait de leur immatriculation au *registre des populations civilisées*, est régi par le droit civil moderne. Sous l'EIC, il leur avait été octroyé la *nationalité congolaise* créée par le décret-loi du 27 décembre 1897. Cette dernière fut abolie à la transformation de l'EIC en Colonie, de sorte que le terme « Congolais » fut repris par la Charte coloniale pour désigner spécialement cette catégorie d'indigènes[9], communément appelée « évolués ». Ils étaient établis sur les terres domaniales, dans les *cités indigènes* dites « centres extra-coutumiers », et ils étaient justiciables des cours et tribunaux de la Colonie.

Les indigènes étaient immatriculés moyennant un certain niveau de formation scolaire, le choix de la monogamie, le mariage civil et l'accès à la propriété immobilière dans la *cité indigène*. Ces critères de vie sociale consacraient une liberté individuelle par rapport au système de parenté clanique ou tribale, et le faisaient passer du statut d'indigène à celui

[7]B.O. du Congo Belge, 1910, pp. 456-471
[8] Article 5 de la Charte Coloniale
[9] Chapitre 2, article 4 alinéa 1ier

d'*évolué*. Le régime d'immatriculation visait ainsi à extraire les indigènes de leurs milieux coutumiers et de les intégrer progressivement dans la société coloniale, à laquelle ils devraient appartenir comme sujets « Congolais » du Roi des belges. Ils devraient y jouir de tous les droits reconnus par la législation du Congo belge et accéder ainsi à une forme *proto-citoyenneté congolaise*.

Cependant, dans le chef de la plupart d'indigènes, la volonté d'appartenance à la société coloniale procédait moins de l'amour de ses lois et de la liberté qu'elles offraient, que de l'envie d'accéder au niveau de consommation économique qu'impliquait le statut social d'*évolué*. Les *indigènes immatriculés* resteront en effet psychologiquement assujettis à des liens d'allégeance éthiques, tribaux ou claniques qui, à l'indépendance, prévaudront sur celui d'appartenance au Congo belge, qu'ils avaient la tâche de transformer en un lien de nationalité, unissant toutes les catégories coloniales de ses habitants dans une même citoyenneté libre et entière.

3) les Belges et les étrangers :

Les Belges étaient les *colons* ; ils étaient comme tels établis au Congo belge pour des raisons professionnelles, et ils y constituaient l'ossature humaine de l'édifice colonial en tant que cadres de l'administration publique, chefs et cadres d'entreprise, chefs religieux et dirigeants politiques. Un *colon* conservait la citoyenneté et la nationalité belges, de sorte que son statut personnel était tel que fixé par les lois et règlements du royaume de Belgique, et non ceux de la Colonie, applicables aux *indigènes immatriculés ou Congolais*[10].

Les étrangers étaient tous les individus établis dans la Colonie et ayant une nationalité autre que la nationalité belge. Le statut personnel d'un étranger était fixé par sa loi nationale[11] ; ce qui le différenciait d'un *indigène des contrées*

---

[10] Article 4 alinéa 1 de la loi du 18 octobre 1908 sur le gouvernement du Congo-Belge.
[11] Idem

voisines, dont le statut personnel relevait de coutumes de la *chefferie indigène* où il était établi.

Les belges et les étrangers étaient étroitement associés à la fondation, d'abords de l'EIC, puis du Congo belge, qui deviendra la RDC, de sorte qu'à l'avènement de cette dernière ou à l'indépendance, ils constituaient une catégorie de son patrimoine humain historique. Mais avec l'option constitutionnelle de déduire la nationalité congolaise d'origine, non de la transformation du lien historique construit entre la Colonie devenue indépendante et ses habitants, mais de liens de parenté ethniques et tribaux précoloniaux, ils furent finalement purgés.

4) les ressortissants du Ruanda-Urundi :

Dans le jargon administratif colonial, les termes *ressortissants du Ruanda-Urundi* s'appliquaient aux indigènes du protectorat allemand du Ruanda-Urundi, pris dans ses frontières fixées définitivement par la convention du 11 août 1910 entre la Belgique et l'Allemagne. Ils étaient ethniquement apparentés à la catégorie coloniale d'*indigènes du Congo belge* d'origine hutu ou tutsi, installée bien avant la colonisation dans les hauts plateaux du Sud-Kivu, ainsi que dans les parties du Nord-Kivu issues de la division de la province *ruandaise* de Bugoyi, c'est-à-dire Goma et Rutshuru[12].

Durant la première guerre mondiale, la Belgique occupa les territoires du dit protectorat, puis en obtint le mandat d'administration, donné par la Société des Nations en 1923 ; en vertu duquel elle les unit administrativement à sa Colonie congolaise,

---

[12]Suivant la convention du 11 août 1910, qui a déterminé les frontières de la colonie belge du Congo et du protectorat allemand de l'Afrique orientales, l'Allemagne concéda à la Belgique la partie Est de la Province de Bugonyi du Royaume du Rwanda (voir travaux préparatoires de cette convention, réproduits par LECOCQ, HANS-JOACHIM, *Le Conflit frontalier germano-congolais de la Ruzizi-Kivu* (1895-1910) : *disputée par L'État indépendant du Congo, héritée par la Belgique, gagnée par l'Alle-magne.* Faculté de philosophie, arts et lettres, Université catholique de Louvain, 2018. Prom. : Dujardin, Vincent ; Gijs, Anne-Sophie. http:// hdl.handle.net/2078.1/thesis : 14229, p. 143-148)

par la loi sur le gouvernement du Ruanda-Urundi du 21 août 1925. Les habitants de ces territoires sous mandat ne pouvant devenir ni citoyens belges, ni sujets du Roi des belges comme les *indigènes du Congo belge*, l'administration coloniale les appelaient « *ressortissants du Ruanda-Urundi* ». Plusieurs de ces derniers vinrent s'établir au Congo belge par voie d'immigration volontaire ou de transfert de la main d'œuvre organisé par l'administration coloniale[13], à partir de 1934, en vue principalement de mettre en valeur les concessions agricoles du Comité National du Kivu[14]. Tous ceux qui venaient par cette dernière voie étaient obligés de remettre à l'administration leurs cartes de *ressortissant du Ruanda-Urundi*, en échange des livrets de congolais, considérés comme pièces d'identité des *indigènes du Congo belge*

Ainsi, les *ressortissants du Ruanda-Urundi* établis de leur propre fait au Congo belge rentraient dans la catégorie coloniale d'*indigènes des contrées voisines*, et ceux établis par décision de l'administration coloniale dans le cadre du transfert de main d'œuvre devenaient des *indigènes du Congo belge*, immatriculés ou non immatriculés. Dans les MASISI, ces derniers bénéficièrent de possessions foncières dans les vastes concessions acquises par le Comité National du Kivu auprès des autochtones, de manière à pouvoir s'y organiser en *Chefferie indigène*[15].

---

[13]Ayant créé à cet effet la Mission d'immigration des Banyarwanda

[14]Le *Comité national du Kivu* est une compagnie privée chargée de l'exploitation de la province du Kivu, à l'est de la République démocratique du Congo, à l'époque du Congo belge. Il est formé par décret du 13 janvier 1928. L'objectif de la création du comité était de mettre en valeur des terres agricoles pour y attirer les colons. Le comité devait créer toutes les structures nécessaires à la colonisation.

[15]KABUYALUMUNASANDO, *Conflit à l'Est du Zaïre, Repères et Enjeux*, Secco/Kivu, Kinshasa, 1997, P.P 80-81

2 Le déni de l'héritage colonial au moment de l'indépendance

A la veille de l'indépendance, des *indigènes immatriculés* dits *évolués* (tenant lieu d'élite politique) s'installèrent dans un déni de l'héritage colonial, par manque de culture et d'idéologie politiques nécessaires à son assomption et à sa transformation. Ils occultèrent ainsi la réalité et l'enjeu du moment au profit des réminiscences xénophobes d'un passé ancestral, pourtant assez largement discrédité pour servir de source matérielle de valeurs sociales et politiques d'un État moderne et démocratique.

Répondant à une question relative à la raison du choix de la date du 30 juin 1960 par les participants *congolais* à la *Conférence de la table ronde de Bruxelles* de janvier-février 1960, l'un d'eux[16] (revendiquant la paternité de cette date) dira que l'indépendance signifiant l'abolition de l'ordre colonial, la construction du nouvel État devrait partir du dernier jour avant la date de la proclamation de l'EIC, intervenue le 1[ier] juillet 1885. La colonisation fut ainsi réduite, dans l'imaginaire collectif indigène, à une malheureuse parenthèse de l'Histoire de ce qui va devenir la RDC, et non reconnue comme une étape significative et fondatrice d'une nouvelle réalité sociopolitique : une société coloniale formée durant 85 ans, au milieu de villages ancestraux, transformés en *chefferies indigènes*, et qu'il fallait transformer en un État moderne et démocratique. Ils choisirent cependant d'échapper à cette nouvelle réalité sociopolitique, en raison des exigences intellectuelles, éthiques et politique de sa transformation, de manière à détruire le lien social historique construit entre eux et la société coloniale.

Et pourtant, dans la perspective démocratique ouverte par l'indépendance, la nationalité congolaise d'origine devrait logiquement résulter de la transformation du lien privilégié et discriminatoire, rattachant les indigènes *évolués* ou les *Congolais* au Congo belge, en un nouveau lien social égalitaire ouvert à tous les individus constituant son patrimoine humain

[16] Monsieur Cléophas KAMITATU MASSAMBA.

historique, et tels que catégorisés par la charte coloniale. Le déni de la réalité sociopolitique coloniale impliqua cependant la destruction de ce lien sociojuridique construit entre les évolués et la Colonie, au profit de vielles et naturelles fibres ethniques rattachant chacun à ses *terres ancestrales*, et dont ils induiront le lien originaire avec le nouvel État indépendant, c'est-à-dire la nationalité congolaise d'origine.

Cette construction de la nationalité congolaise d'origine par tissage des fibres ethniques ou tribales naturelles ne devrait pas aller sans une épuration xénophobe du patrimoine humain historique de ce qui allait devenir la RDC, ainsi que ses répliques ethniques et tribales à tous les endroits où le développement de la société coloniale avait brassé des individus d'origines ethniques et tribales diverses.

3 La fragmentation haineuse du patrimoine humain historique de la RDC

Dans ce déni de l'héritage colonial, le patrimoine humain historique légué se fissura de manière à présenter une faille xénophobe à l'échelle nationale **(3.1)**, aussitôt reproduite en des failles ethniques et tribales à l'échelle provinciale et locale **(3.2)**

3.1 Faille xénophobe à l'échelle nationale

À l'indépendance, la RDC hérita d'un patrimoine humain segmenté par un système colonial discriminatoire, en ayant le devoir historique de le soumettre à une nouvelle loi permettant l'unité, la cohésion et la solidarité entre tous ses éléments, en vue de sa réaffectation efficace au développement d'une nouvelle nation; mais l'idéologisation, à des fins électoralistes, du ressentiment anticolonial de la masse d'indigène y imprima une profonde faille xénophobe à l'échelle nationale, à travers laquelle furent expulsés les colons et les « indigènes des contrées voisines ».

Durant la colonisation, le patrimoine humain historique de ce qui va devenir la RDC était segmenté et hiérarchisé en trois parties : les *colons*, les *indigènes immatriculés* et les *indigènes non immatriculés*. Cette segmentation et cette hiérarchisation étaient essentiellement caractérisées par les restrictions de l'accès à l'éducation, à la consommation et au marché du travaille imposées aux indigènes, ainsi que par leur exclusion du pouvoir politique. Cette marginalisation avait nourrit durant des années un ressentiment populaire, qui tint lieu d'inspiration pour la revendication de l'indépendance et réduisit la compétition des *offres politiques indigènes* à la surenchère nationaliste. Il ne s'agissait donc pas de faire évoluer positivement cette revendication en offrant un projet de construction d'une nouvelle nation impliquant équitablement tous les habitants du Congo belge, mais de demeurer sur la négative en vue d'exploiter et de convertir en suffrages électoraux le ressentiment anticolonial des masses indigènes, impatientes de jouir enfin pleinement de richesses générées par les investissements coloniaux.

Avec cette politisation du ressentiment anticolonial, la revendication de l'indépendance se figea sur son principe négatif et dériva en un *besoin nationaliste de déracinement des étrangers*, dont la réponse politique, par ailleurs démagogique, fut l'option de restituer le patrimoine humain historique congolais dans sa composition précoloniale ou autochtone. Cette option rétrograde d'autochtonisation imprima sur ce dernier une faille xénophobe, à travers laquelle seront systématiquement rejetés les colons et les *indigènes des contrées voisines*, et qui sera consacrée par le principe constitutionnel de son épuration ethnique et tribale.

3.2 Failles ethniques et tribales à l'échelle provinciale et locale

La faille xénophobe du patrimoine humain historique de la RDC étant causée par une dynamique sociopolitique de son autochtonisation, cette dernière y entraina logiquement, telles des répliques, des failles ethniques et tribales à tous les endroits où la dynamique socioéconomique d'urbanisation et d'industrialisation avait brassé et brasse toujours les indigènes de toutes les ethnies et de toutes tribus. La RDC demeure ainsi piégée entre les conséquences logiques de ces deux dynamiques : d'une part l'inévitable brassage de son patrimoine humain, et de l'autre les tendances à son épuration ethnique ou tribale libérée çà et là par l'exigence nationaliste et démagogique de son autochtonisation.

Le patrimoine humain historique de la RDC s'était formé dans une dynamique d'urbanisation de son territoire et d'industrialisation de son économie, induite par l'appropriation coloniale des terres. Une telle dynamique a dû brasser çà et là des indigènes d'origines diverses pour la construction des villes, des usines et des voies de communication. La restauration du patrimoine humain, ainsi formé, dans son éparse composition tribale précoloniale ne devrait certainement pas se limiter à l'expulsion des *étrangers* ; elle devrait logiquement être exigée à tous les endroits de brassage d'indigènes d'origines ethniques et tribales diverses, de manière à y libérer des tendances à la stigmatisation des *indigènes allogènes* par les *indigènes autochtones*. Ces tendances haineuses sont généralement exploitées pour obtenir des arithmétiques électorales favorables à ces derniers sur leurs *terres ancestrales*, et y légitimer à leur profit les mêmes restrictions ou exclusions sociales, économiques et politiques imposées par le pouvoir colonial aux indigènes ; elles ont ainsi culminé dans les provinces du Katanga, des Kivu et de l'Ituri en des dynamiques d'épuration ethnique latentes.

Ainsi, la RDC se retrouve dans une dynamique socioéconomique brassant çà et là des individus d'origines ethniques et tribales diverses formant son patrimoine humain, et en contrepoint une option politique démagogique d'autochtonisation de ce dernier, qui le fissure à tous les lieux de brassage en y opposant les *citoyens autochtones* aux *citoyens non originaires ou allogènes*. Alors que l'option politique raisonnable devrait être, dès l'indépendance, d'acter l'évolution historique du patrimoine humain congolais et de le soumettre à une règle de nationalité qui dicte son unité et sa cohésion, par l'égalité et la solidarité entre tous les habitants du Congo belge, en vue de sa réaffectation au développement de l'État postcolonial.

4 Velléités de préservation et de réaffectation postcoloniale du patrimoine humain historique de la RDC

Dans ce contexte de fragmentation haineuse du patrimoine humain historique de la RDC, on peut cependant noter de velléités de sa préservation et de sa réaffectation postcoloniale à travers la mise en perspective par la Conférence de la table ronde du critère de domicile pour la reconnaissance du droit à la nationalité d'origine **(4.1)**, impliquant la consécration d'une règle d'épuration ethnique assortie d'une faculté d'inclusion des *habitants* allogènes **(4.2)**

4.1 La mise en perspective par la table ronde du critère de domicile pour la reconnaissance du droit à la nationalité d'origine

À la *Conférence de la Table ronde* du 20 février 1960, fondatrice de la 1ière République, les participants adoptèrent des résolutions devant clairement impliquer un droit à la nationalité congolaise d'origine, inclusif de tous les *habitants* du Congo belge, sans distinction aucune, et même spécifiquement élargi aux colons et aux *ressortissants du Ruanda-Urundi.*

En effet, au point *1* de la *résolution n°2 relative à l'organisation du gouvernement* de cette Conférence, les participants décident : « le Congo, dans ses frontières actuelles, constitue, à partir du 30 juin prochain, un État Indépendant dont les habitants auront, aux conditions que la loi déterminera, une même nationalité, sur le territoire duquel ils pourront se déplacer et s'établir librement et où les marchandises aussi pourront circuler sans entrave » ; et au point *1 d)* de la *résolution n° 11 relative au régime électoral*, ils attribuent le droit de vote aux « ressortissants du Ruanda-Urundi résidant au Congo depuis dix ans au moins », ainsi qu'aux « Belges résidant au Congo depuis six mois. »

Par l'union de tous les « *habitants* » du Congo belge dans un même lien de nationalité, il est clair que les participants à la Table ronde visaient l'abolition de leur distinction suivant leurs statuts personnels, telle que faite au chapitre 2 de la charte coloniale ; et le terme « *habitant* » choisi pour les désigner met clairement en perspective la *résidence habituelle* ou le *domicile* sur le territoire de la Colonie, transformée en État indépendant, comme critère fondamental du droit à la nationalité congolaise d'origine.

Sur base de ce critère d'établissement sur le territoire de la Colonie, les *ressortissants du Ruanda-Urundi* et les belges devraient avoir un droit de vote impliquant nécessairement la citoyenneté congolaise, élément essentiel de la nationalité. Il en résulte que l'exercice effectif de ce droit de vote devrait impliquer le droit à la nationalité d'origine du nouvel État en construction, dont ils devraient jouir d'office en cas de risque d'apatridie ou par option en cas de détention d'une autre nationalité.

4.2 La consécration d'une règle d'épuration tribale assortie d'une faculté d'inclusion des habitants allogènes

Nourrie par la surenchère nationaliste, la dynamique d'autochtonisation du patrimoine humain historique de la RDC eut raison des options d'inclusivité de la Conférence de la table ronde, sans cependant en exclure totalement les *étrangers.* Elle aboutit en effet à sa formalisation constitutionnelle, au profit de la catégorie coloniale des *indigènes du Congo belge* et, confusément, de celle des *indigènes des contrées voisines* ; la règle constitutionnelle fut toutefois assortie d'un droit d'option sélectif en faveur de tous les autres « *habitants* » de la Colonie.

En effet, la Constitution du 1ier août 1964 institua à son article 6 une seule nationalité congolaise attributive de mêmes droits, quel qu'en soit le mode d'acquisition, et reconnue, à l'indépendance de la RDC, « à toute personne dont un des ascendants est ou a été membre d'une tribu ou partie de tribu, établie sur le territoire du Congo, avant le 18 octobre 1908 » ; elle pourra ainsi s'acquérir ultérieurement par filiation, naturalisation, présomption légale et par option. Suivant l'article 9 du Décret-loi du 18 septembre 1965 relatif à la nationalité congolaise, ce droit d'option est ouvert à tous les « *habitants* » de l'ex-Congo belge, nés sur son territoire et qui y résident habituellement depuis l'âge de 16 ans.

Au sens strict de ce régime de nationalité, le patrimoine humain historique de la RDC est juridiquement restauré dans sa composition tribale précoloniale, incluant à la base la catégorie coloniale d'*indigènes immatriculés et non immatriculés du Congo belge*, qui correspond clairement aux tribus établies sur son territoire à la date du 18 octobre 1908. L'imprécision du critère d'ascendance tribale précoloniale, quant au degré d'ascendance, offre aux *indigènes des contrées voisines*, appartenant aux tribus transfrontalières, la possibilité de s'en prévaloir et de revendiquer en conséquence la nationalité congolaise d'origine : un *bemba* ou un *lamba* venu de la Rhodésie du Nord[17], un *tshokwe* de la colonie portugaise d'Angola, ou un *nandé* venu de l'Ouganda pouvait bien établir un lien d'ascendance avec un membre d'une partie de sa tribu établie sur le territoire de l'EIC.

Par ailleurs, tel qu'organisé par le décret-loi susmentionné, le droit d'option de la nationalité congolaise permet aux *Belges* et aux *étrangers*, ainsi qu'aux *indigènes des contrées voisines*, sans ascendants au Congo belge, de devenir congolais à part entière ou sans restriction, suivant le critère de domicile, tel que défini à l'article 9 sus-évoqué

II DEUXIEME REPUBLIQUE : affirmation passéiste de la règle d'épuration tribale du patrimoine humain historique de la RDC

Cherchant sa légitimité dans la surenchère nationaliste et le ressentiment anticolonial, la deuxième république amorça une révolution passéiste consacrant le mythe d'une *nation zaïroise ancestrale* formée de tribus **(1)**, actualisé par l'affirmation et la précision de la règle d'épuration tribale du patrimoine humain historique de la RDC **(2)**. Cette dernière fut tempérée par l'inclusion à titre exceptionnel des individus issus de la catégorie coloniale de *ressortissants du Ruanda-*

[17] Actuelle Zambie

Urundi **(3),** mais elle évoluera logiquement vers une radicalisation à des fins électoralistes **(4).**

1 Consécration du mythe d'une *nation zaïroise ancestrale* constituée de tribus

À partir de 1970, le MPR s'imposa comme parti unique et entreprit de chercher sa légitimité populaire dans le ressentiment anticolonial, qu'il porta à son paroxysme en l'idéologisant sous la fameuse expression de « *recours à l'authenticité* ». Dans cette idéologie passéiste, la *nationalité zaïroise* fut imaginée comme un *héritage ancestral sacré,* à restaurer et à préserver par l'épuration tribale du patrimoine humain hérité de la colonisation.

En effet, sous la loi n°1972-002 du 5 janvier 1972 relative à la nationalité zaïroise, le *Régime révolutionnaire* considéra le décret-loi en question comme un bradage de la *nationalité zaïroise* qui « constitue un précieux trésor pour lequel nos ancêtres ont enduré tant de sacrifices, y compris celui de leur sang[18]». Ici, le déni de l'héritage colonial prit une tournure caricaturale jusqu'à l'imagination d'une *nation zaïroise ancestrale* qu'auraient constituée les ancêtres des tribus, et pour laquelle ils se seraient battus, eux qui s'épuisaient dans d'interminables et haineuses guerres tribales lorsque le Congo fût fondé.

Au sein de cette « *nation ancestrale* » retrouvée, la tribu devint la cellule de base, de sorte que l'appartenance tribale s'affirma comme le seul critère de recomposition du patrimoine humain national. Ce dernier devrait ainsi être expurgé, de manière à en extraire les *étrangers* et les indigènes *allogènes*, bénéficiaires du droit d'option octroyé par le décret-loi du 18 septembre 1965 relatif à la nationalité congolaise, sus-évoqué.

---

[18]Exposé des motifs de la loi n° 1972-002 du 5 janvier 1972 relative à la nationalité zaïroise

2 Affirmation et précision de la règle d'épuration tribale

Dans cet imaginaire collectif exalté par la restauration d'une *nation ancestrale*, la règle d'épuration tribale du patrimoine humain national s'affirma par un contenu plus restrictif **(2.1)**, et se précisa par l'institution d'un système de preuve de la nationalité d'origine fondé sur la traçabilité géographique du lien de parenté tribal **(2.2)**

2.1 Contenu plus restrictif

La restauration d'une *nation zaïroise ancestrale* impliqua logiquement la réduction de son patrimoine humain au peuplement précolonial du territoire national et sa recomposition sur une base strictement tribale. Le législateur réaffirma donc la règle d'épuration tribale, telle que consacrée durant la 1ière République, et abrogea le droit d'option de la nationalité congolaise concédé aux étrangers établis sur le territoire national. Ce qui, en principe, réduisit le patrimoine humain national à la seule catégorie coloniale des *indigènes du Congo belge.*

En effet, la loin°1972-002 du 5 janvier 1972 relative à la nationalité zaïroise stipule à son article 1ier: « sont zaïrois au terme de l'article 5 de la Constitution à la date du 30 juin 1960, toutes les personnes dont un des ascendants est ou a été membre d'une des tribus établies sur le territoire de la République du Zaïre dans ses limites du 15 novembre 1908 et telles que modifiées par les conventions ultérieures » ; et dans son exposé des motifs, elle justifie la suppression du droit d'option comme voie d'acquisition de la nationalité zaïroise par les étrangers, ex-*habitants* du Congo belge, en ces termes : « le moment est venu de substituer au décret-loi du 18 septembre 1975 relatif à la nationalité zaïroise une loi traduisant nos aspirations révolutionnaires et notre souci d'authenticité ».

Donc par ce *souci d'authenticité*, le patrimoine humain hérité de la colonisation fut réduit aux seuls *indigènes du Congo belge*. Les individus issus de la catégorie coloniale d'*indigènes de contrée voisine* et leurs descendants établis de longue date sur le territoire national devraient soit se résoudre à la souffrance d'apatridie, soit supporter le coût administratif d'acqui-sition de la nationalité par voie de naturalisation, soit tenter d'aller recouvrer la nationalité des pays de leurs lointains ancêt-res et y recommencer une nouvelle existence, ou soit préserver leurs intérêts et droits acquis en fraudant l'accès à la nationalité zaïroise d'origine.

2.2 Institution d'un système de preuve de la nationalité zaïroise d'origine fondé sur la traçabilité géographique du lien de parenté tribal

Comme preuve de la *nationalité zaïroise d'origine*, le nouveau régime adapta le système colonial d'identification et de contrôle des *indigènes non immatriculés*, qui devint un dispositif probatoire, fondé sur la traçabilité géographique du lien de parenté tribal, mais dont la confusion et l'inefficacité induisirent les risques d'infiltration frauduleuse et d'exclusion arbitraire.

En effet, sous le Congo belge, le régime d'identification des *indigènes non immatriculés* obéissait à la nécessité de rattacher chacun à la *chefferie indigène* incluant sa tribu, et tenant lieu de juridiction coutumière dont il relève, ainsi qu'à celle de restreindre leur mobilité intérieure[19]. Par l'ordonnance n° 73-004 du 05 janvier 1973 instituant la *Carte d'identité pour citoyen zaïrois*[20], le nouveau régime adapta ce système en en faisant un dispositif de preuve du droit à la *nationalité zaïroise d'origine*, fondé sur la traçabilité géographique des origines familiales, claniques, tribales et ethniques, attestées par la nouvelle carte d'identité, délivrée par l'autorité administrative locale du lieu de résidence.

[19]Ordonnance n°8/1 du 15 janvier 1917 relative au recensement des indigènes (BA 1917, P-54-57); Ordonnance n°30/Aimo du 14 mars 1935 relative aux recensements, aux mutations et à l'interdiction de résidence et d'installation dans les circonscriptions indigènes (BA 1935, P.132-142); Ordonnance n° 21/6 du 06 janvier 1953 relative aux recensements, aux mutations et à l'interdiction d'installation dans les circonscriptions indigènes et de l'Ordonnance n°21/219 du 29 mai 1958 réglementant l'inscription, la résidence et l'état-civil de la population des circonscriptions,

[20]J.O. n° 7 du 01 avril 1973

Cependant, l'inefficacité épuratoire de ce système de preuve permit une infiltration frauduleuse des individus issus de la catégorie coloniale d'*indigènes des contrées voisines,* appartenant à des tribus transfrontalières (comme les *Chokwe* de l'Angola, les *Bembas* de la Zambie, les tutsi et hutu du Rwanda et du Burundi, ou les *Nandés* de l'Ouganda). Ils pouvaient ainsi se prévaloir d'un ascendant au sein de la partie de leur tribu établie sur le territoire zaïrois et, partant, revendiquer le droit à la *nationalité zaïroise d'origine*, avec l'aide des complicités familiales.

Paradoxalement, ce système de preuve permit aussi l'exclusion arbitraire ou la stigmatisation des individus issus de la catégorie coloniale d'*indigènes du Congo belge*, dont les organisations tribales avaient été dissoutes par le pouvoir le colonial (principalement les tutsi, les hutu et les Hunde du Nord-Kivu et du Sud-Kivu), ou qui ne se sont jamais organisés en tribu (notamment les *Bazombos*), de sorte qu'ils avaient été rattachés à des *chefferies indigènes* placée sous l'autorité coutumière d'autres tribus. À l'épreuve de ce dispositif d'épuration tribale, ces communautés ethniques furent systématiquement mises au défi ou dans l'impossibilité de reconstituer et restructurer, dans des *chefferies* hostiles, leurs liens de parenté tribale, condition d'accès au droit à la nationalité zaïroise d'origine.

3 Inclusion à titre exceptionnel des individus issus de la catégorie coloniale des *ressortissants du Ruanda-Urundi*

Ce régime de nationalité fondé sur l'épuration tribale exclut logiquement les individus issus de la catégorie coloniale de *ressortissants du Ruanda-Urundi.* Cette exclusion légale s'avéra socialement dangereuse et contraire aux conventions internationales relatives au droit à la nationalité ; d'où l'exception corrective introduite par l'ordonnance-loi n°71/020 du 26 Mars 1971, et reproduite à l'article 15 de la loin°1972-002 du 5 janvier 1972 relative à la nationalité zaïroise.

En effet, dans le contexte des conflits qui surgirent entre des communautés ethniques intégrées dans de mêmes *chefferies indigènes* du Kivu, l'exclusion légale des individus issus de la catégorie coloniale de *ressortissants du Ruanda-Urundi* fut malicieusement extrapolée aux individus issus de celle d'*indigènes du Congo belge* qui leurs sont ethniquement apparentés, c'est-à-dire les *Tutsi* et les *Hutu* congolais. A ces derniers, se mêlèrent aussi les réfugiés *hutu* du Burundi et *tutsi* du Rwanda, fuyant la violence ethnique postcoloniale dans leurs pays.

Par ailleurs, ceux d'entre les *ressortissants du Ruanda-Urundi* qui étaient établis en RDC du fait du pouvoir colonial, recevaient bien le statut de *congolais* ou d'*indigènes du Congo belge*, de sorte qu'à l'accession de ce dernier à l'indépendance, ils avaient logiquement le droit à la nationalité congolaise d'origine que l'État zaïrois ne pouvait leur dénier, sans être à porte à faux avec l'esprit et la lettre de l'article 15 de la déclaration universelle des droits de l'homme.

Au-delà du fondement complotiste que certains voudront bien trouver à l'ordonnance-loi en question[21], il faut cependant observer qu'elle avait objectivement une justification sociale, politique et juridique pour l'État : priver de base légale la violence ethnique orchestrée contre les *zaïrois* rwandophones, abusivement assimilés aux *ressortissants du Ruanda-Urundi*, et préserver le droit fondamental à la nationalité de ceux d'entre ces derniers ayant officiellement acquis le statut colonial de *congolais*.

C'est pourquoi, la loi sur la nationalité zaïroise en question introduisit, à son article15, cette exception au régime d'épuration tribale qu'il organise : « les personnes originaires du Ruanda-Urundi qui étaient établies dans la province du Kivu avant la 1ierjanvier 1950 et qui ont continué à résider depuis lors dans la République du Zaïre jusqu'à l'entrée en vigueur de la présente loi ont acquis la nationalité zaïroise à la date du 30 juin 1960. »

---

[21]Lors des débats sur la question de nationalité à la Conférence Nationale Souveraine, une certaine opinion soutiendra que ce texte a été pris à l'instigation de monsieur Barthélémy Bisengimana, Directeur du Président de la République à cette époque, lui-même sujet rwandais, « *infiltré dans les hautes sphères de l'État* »

4 La radicalisation de la règle d'épuration tribale à des fins électoralistes

Suite à la restauration de l'élection législative sur fond d'arithmétique ethno-électorale et de surenchère nationaliste **(4.1)**, le *régime mobutisme* opéra une radicalisation de l'option d'épuration tribale du patrimoine humain national en remontant le lien d'ascendance tribale à l'époque précoloniale **(4.2)** ; ce qui impliqua la déchéance du droit à la nationalité zaïroise d'origine des *ex-ressortissants du Ruanda-Urundi*, et une stigmatisation des ex-*indigènes du Congo belge* d'expression rwandophone ou d'ascendance précoloniale angolaise **(4.3)**

4.1 Restauration de l'élection législative sur fond d'arithmétique ethno-électorale et de surenchère nationaliste

En 1977, le régime autoritaire et centraliste du MPR entreprit de se donner un second souffle de légitimité populaire par la restauration de l'élection législative nationale et locale. Pour la mobilisation des électeurs, les politiciens remirent alors à jour les recettes d'arithmétique ethno-électorales et de surenchère nationaliste, expérimentées pendant la 1^{ière} république, et impliquant l'instrumentalisation de la règle d'épuration tribale du patrimoine humain national, afin d'exclure des opposants politiques.

À cette époque là, le MPR résolut de restaurer le suffrage universel direct pour l'élection des membres de ses *Conseils législatifs*[22] national et provinciaux. Ce qui relança la course politicienne aux mandats de *commissaires du peuple*[23], sur fond d'arithmétique électorale à connotation ethnique. Dans les Kivu particulièrement, les candidats rwandophones durent bénéficier d'un électorat élargi aux zaïrois issus de la catégorie coloniale de *ressortissants du Ruanda-Urundi*, auxquels se seraient mêlés frauduleusement des réfugiés fuyant les violences ethniques

[22]Tenant lieu d'Assemblée nationale et d'Assemblées provinciales
[23]Tenant lieu de députés nationaux et provinciaux

postcoloniales du Rwanda et du Burundi. Tout comme, d'ailleurs, tous les candidats issus de tribus ou ethnies transfrontalières, qui ont dû bénéficier, dans des circonscriptions électorales frontalières, des suffrages de leurs « frères et sœurs » des pays voisins, installés au Zaïre et ayant pu, pour y survivre, acquérir la *carte de citoyen zaïrois*.

Ces gonflements supposés ou réels des *bases électorales* incitèrent des candidats rivaux, soucieux de rééquilibrer chacun en sa faveur les rapports de force électoraux, à la remise en cause du droit à la nationalité zaïroise d'origine des électeurs adverses, et même de leur autochtonie précoloniale sur tel ou tel autre territoire provincial ou local. Cette stigmatisation électoraliste suscita au sein de l'opinion publique une tendance ou une sensibilité sociopolitique exigeant l'application stricte de la règle d'épuration tribale du patrimoine humain national, afin de le réduire à sa souche primitive ou précoloniale, telle que vantée dans la politique de recours à l'authenticité.

En 1981, en mal de réalisation de ses promesses socio-économiques et de légitimité populaire, le MPR se rabattit, par pure démagogie, sur cette tendance passéiste et xénophobe : il entreprit de l'exploiter en recourant à la surenchère nationaliste, pour axer le débat politique sur une redéfinition plus exclusive du droit à la nationalité zaïroise d'origine. C'est ainsi que, le 26 mars 1981, à l'ouverture de la session du Comité Central du Parti-État, le Président Mobutu lança ce débat en posant la fameuse question : « qui au Zaïre est Zaïrois et qui ne l'est pas »[24].

4.2 En remontant l'ascendance tribale au peuplement précolonial du territoire national

En partant du principe imaginaire que la *nationalité zaïroise d'origine* est un « précieux trésor » hérité des ancêtres (et non un héritage colonial), le législateur de 1981 répondit à la *question présidentielle* en optant pour la conformité stricte de la

[24]Cfr exposé des motifs de la loin° 1981/002 du 29 juin 1981 sur la nationalité zaïroise

loi sur la nationalité à ce principe passéiste, *retro-fondateur* d'une imaginaire et mythique *nation zaïroise précoloniale.* L'appartenance originaire à cette dernière devrait donc procéder d'un lien d'ascendance tribale remontant au peuplement pré-colonial du territoire national.

En effet, suivant l'article 4 de la loi n°1981/002 du 29 juin 1981, appartient à la nation zaïroise à la date du 30 juin 1960 « toute personne dont un des ascendants est ou a été membre d'une des tribus établies sur le territoire de la République du Zaïre dans ses limites du 1er août 1885, telles que modifiées par les conventions subséquentes ». Il fallait donc se référer à la composition et la structure du peuplement précolonial du territoire national, pour établir le lien d'ascendance tribale fondant le droit à la nationalité zaïroise d'origine.

Cependant, ce critère passéiste tribal ne fut pas assorti, pour son application exacte, d'une précision légale des catégories tribales du peuplement précolonial du territoire national à la date du 1ier août1885 ; et il fit abstraction des évolutions historiques de la structure et de la composition de ce peuplement durant la colonisation ;son application induira ainsi une controverse, principalement haineuse et électoraliste, sur la présence précoloniale de tel groupe ethnique sur le territoire national, ou sur l'ascendance tribale précoloniale de telle ou telle autre personnalité en vue.

4.3 La réexclusion des ex-ressortissants du Ruanda-Urundi sur fond de stigmatisation des zaïrois d'expression rwandophone et d'ascendance précoloniale angolaise

Cette redéfinition passéiste et tribale du droit à la nationalité zaïroise d'origine impliqua immédiatement la réexlusion des *ex-ressortissants du Ruanda-Urundi* ; et elle ouvrit une controverse sur l'appartenance précoloniale à la *nation zaïroise* des *ex-indigènes du Congo belge* d'expression rwandophone et ceux d'ascendance précoloniale angolaise dits les *bazombos*, où la surenchère nationaliste masque à peine une machiavélique et impitoyable arithmétique électorale.

En effet, il est claire qu'ayant immigré en RDC sur décision de l'administration coloniale, les zaïrois issus de la catégorie coloniale de *ressortissants du Ruanda-Urundi* ne pouvaient pas être *zaïrois d'origine*, suivant le critère d'ascendance tribale précoloniale énoncé à l'article 4 de la loi sur la nationalité de 1981. Cette dernière annula donc les dispositions de la loi antérieure leur accordant exceptionnellement la nationalité zaïroise d'origine. Leur immigration s'inscrit, par ailleurs, dans un continuum de flux migratoire des populations rwandophones s'installant depuis des temps immémoriaux sur les Hauts plateaux du Sud-Kivu, ainsi que sur les terres de Goma et de Rutshuru, autrefois partie de la province de Bugoyi du Sultanat du Rwanda[25]. Bien que les individus issus de ce peuplement soient des *ex-indigènes du Congo-belge* d'expression rwandophone, ils doivent, pour avoir droit à la nationalité zaïroise d'origine, fournir la preuve surréaliste que leur lien d'ascendance tribale remonte à une séquence migratoire précoloniale. Ce qui requiert une documentation historique précise de tout le flux migratoire rwandophone, des origines médiévales à 1960, permettant son séquençage chronologique et le regroupement des migrants par séquence de migration. L'impossibilité technique d'une telle démarche les exclut à priori du droit à la nationalité zaïroise d'origine.

Quant aux *ex-indigènes du Congo-belge* d'ascendance précoloniale angolaise, bien qu'étant établis sur le territoire congolais longtemps avant le 1ier août 1885, ils ne s'y sont jamais organisés politiquement sur la base d'une possession foncière, de sorte que leur statut de *tribu zaïroise* leur est contesté ; ne formant donc pas une tribu établie sur le territoire national, ils sont exclus du droit à la nationalité zaïroise d'origine.

---

[25]Concédée à la Belgique par l'empire allemand au terme de la Convention du 11 août 1910 déterminant les frontières de la colonie belge du Congo et du protectorat allemand de l'Afrique orientale (CONGO BELGE, Bulletin officiel, année 1911, p.683-690)

À l'envers de ce nationalisme rétrograde justifiant en apparence ces stigmatisations absurdes, il y a une machiavélique arithmétique ethno-électorale qui en constitue la justification réelle : il s'agit pour des politiciens fourbes et mesquins de faire disqualifier de compétitions électorales des concurrents issus de catégories ethniques stigmatisées, ou de démobiliser leur électorat, prétendument constitué d'*étrangers* ou d'*infiltrés*. Quitte à faire prévaloir des ambitions politiciennes sur le droit à la dignité des catégories entières de la population et à hypothéquer la paix sociale.

III TRANSITION DEMOCRATIQUE : basculement dans l'épuration ethnique rwandophobe et rectification en trompe-l'œil

Durant sa transition démocratique vers la 3ième République, la RDC bascula dans l'épuration ethnique rwandophobe sous le régime issu de la Conférence Nationale Souveraine **(1)**, et tenta une rectification en trompe-l'œil sous celui issu du Dialogue Inter-Congolais **(2)**

1 Sous le régime issu de la Conférence Nationale Souveraine

À la CNS[26], le débat sur la question de la nationalité débouche sur une réaffirmation hystérique et rwandophobe de la règle d'épuration tribale du patrimoine humain national **(1.1)**, impliquant la recommandation d'une épuration ethnique rwandophobe grossièrement justifiée **(1.2)**, mais ayant fait paradoxalement l'objet d'une rectification hypocrite dans le rapport final des travaux **(1.3)**, de manière à provoquer une implosion de violence ethnique rwandophobe dans les Kivu **(1.4)**, qui, avec l'opportunité d'amalgame et de phobie offerte par l'afflux des réfugiés rwandais en 1994 **(1.5)**, va déterminer le rapport de la « Commission Vangu » et les résolutions rwandophobes du HCR-PT**(1.6)**, qui provoquèrent la révolte des banyamulenge**(1.8)**

[26]Forum national convoqué en 1991 pour organiser la transition démocratique du régime autocratique du MPR Parti-État, vers une démocratie multipartite.

1.1 Réaffirmation hystérique et rwandophobe de la règle légale d'épuration tribale

Dans une ferveur nationaliste à la limite xénophobe, les membres de la CNS adoptèrent une approche biaisée et grossière confondant le droit de nationalité et le droit à la nationalité d'origine **(1.1.1)**, où, après un moment de lucidité sur la problématique du critère d'ascendance tribale de définition de la nationalité zaïroise d'origine, ils ouvrirent une piste de solution erronée et rwandophobe **(1.1.2)**

1.1.1 Une approche biaisée et grossière confondant le droit de nationalité et le droit à la nationalité d'origine

Dans le rapport de la Commission Politique de la CNS, chargée d'examiner la question de nationalité, précisément celle de savoir qui à l'indépendance du Congo est congolais, cette dernière répondit sur base d'une *théorie générale de la nationalité* confuse, certainement déteinte par la haine ethnique ; alors que la question posée renvoyait à la notion de droit à la nationalité d'origine. Cette erreur d'approche explique les dérives et errements du traitement de cette question.

En liminaire de cette réflexion, nous avons exposé distinctement les notions de *nationalité* (ou de droit de nationalité) et de *droit à la nationalité d'origine*. Il en ressort que ce dernier est un droit fondamental universellement reconnu à tous les individus qui constituent la population qu'hérite un État à sa création, et sur base duquel ce dernier leur reconnait la *nationalité d'origine*, et ce, en tenant objectivement et humainement compte du niveau de leur enracinement dans son environnement social, culturel et politique. Cette reconnaissance est généralement faite dans sa Constitution. L'État se réserve ensuite le droit de légiférer pour l'avenir sur les modalités et les conditions de transmission, d'acquisition et de perte de la nationalité ainsi reconnue à sa création ; s'il peut s'en arroger arbitrairement le pouvoir, il n'a pas le droit de priver de la nationalité d'origine une partie des habitants du territoire sur lequel il se forme : suivant l'article 15 de la *Déclaration universelle des droits de l'Homme*, la nationalité doit être reconnue d'office à tous ceux des habitants qui n'ont pas la nationalité d'un autre État ou qui la perdent du fait de leur établissement sous une autre souveraineté territoriale ; et ceux qui l'ont ont le droit d'opter pour la nationalité du nouvel État où il sont établis.

Cependant, dans leur rapport, les membres de la Commission politique de la CNS ignorèrent cette notion de droit (fondamental) à la nationalité d'origine et l'obligation internationale qui en résulte pour un État de le respecter, pour ne se fonder que sur celle, mal définie, de *nationalité* en en déduisant les droits de ce dernier de légiférer souverainement sur les conditions de sa reconnaissance. On peut ainsi y lire ces grossières aberrations : la nationalité est « la qualité[27] d'une personne en raison du lien juridique et politique qui unit cet individu à un état ... » ; de sorte que « c'est l'État qui donne sa nationalité en raison des besoins politiques, militaires, démographiques, économiques etc. », et en tenant compte de « la volonté des individus qui peuvent soit déclarer acquérir soit répudier la nationalité » ; ainsi le *lien de nationalité* est un lien de droit public interne « fixé discrétionnairement par l'État en considération de ses besoins propres » ; et in fine, ils écrivent : « les nécessités internationales ne sont prises en considération que dans la mesure où elles sont compatibles avec les nécessités internes ».

Ce pied de nez fait *in fine* au principe constitutionnel de la primauté de la règle de droit public international sur le droit interne est symptomatique de la mauvaise foi et de toute la puissance de la haine, sous l'emprise desquelles avaient travaillé les membres de la Commission politique de la CNS, et qui vont déteindre leurs conclusions.

---

[27]Et non un droit

1.1.2 Moment de lucidité sur la problématique du critère d'ascendance tribale de la nationalité zaïroise d'origine, pour une piste de solution erronée et rwandophobe

Dans ce climat de mauvaise foi caractérisée, les membres de la Commission politique de la CNS posèrent cependant avec lucidité la triple problématique du critère d'ascendance tribale de la nationalité zaïroise d'origine **(A)**, mais ouvrirent une piste de solution erronée et rwandophobe **(B)**

A Triple problématique du critère d'ascendance tribale de la nationalité zaïroise d'origine

Concernant l'application de la loi sur la nationalité de 1981, en ce qu'elle fonde le droit de nationalité zaïroise d'origine sur l'appartenance tribale, les membres de la Commission politique de la CNS relevèrent une problématique liée à la confusion entre *nationalité* et *ethnicité*, à l'accès frauduleux à ce droit par des étrangers via leurs liens de parenté tribaux au Zaïre, et l'inefficacité épuratoire de l'administration publique.

En effet, ils notèrent dans leur rapport la confusion entre la *nationalité et l'ethnicité* au sein des groupements ethniques transfrontaliers, due à une mauvaise interprétation de la loi. Nous avons cependant noté ci-avant que c'est la loi en question elle-même qui fait cette confusion : le critère d'ascendance tribale offre la possibilité aux ressortissants des pays voisins de se prévaloir d'un ascendant au sein de la partie de leur tribu établie sur le territoire zaïrois et, partant, revendiquer le droit à la nationalité zaïroise d'origine, avec l'aide des complicités familiales.

Ils notèrent ensuite que « certaines communautés se basent sur leur séjour au pays et leur participation incidente à l'histoire du pays pour revendiquer la nationalité zaïroise. Ce qui crée dans le chef des nationaux en sentiment de ravissement du droit sur la nationalité ». Ils font ici allusion à la catégorie coloniale des *ressortissants du Ruanda-Urundi*, extrapolée arbitrairement à toutes les populations d'expression rwandophone de Rutshuru, Masisi et de

Hauts plateaux du Sud-Kivu, ainsi qu'à la catégorie d'individus d'ascendance précoloniale angolaise, dits les « Bazombo ».

Ils relevèrent enfin que c'est « la désorganisation de nos services d'immigration, d'état-civil et d'identification qui facilite des infiltrations malicieuses et la falsification de l'identité ». Ceci renvoie à l'inefficacité épuratoire du système de preuve de la nationalité d'origine, fondé sur la traçabilité géographique du lien de parenté tribal, telle qu'exposée ci-avant[28].

B Ouverture d'une piste de solution erronée et rwandophobe

Cette triple problématique posée, les membres de la Commission politique de la CNS n'optèrent pas cependant de reformer la loi sur la nationalité de 1981 : ils devraient en effet redéfinir la nationalité zaïroise d'origine sur base de critères raisonnables, moins problématiques et en phase avec la règle de droit international public, telle qu'induite par l'évolution de la conscience politique universelle ; mais ils proposèrent l'application stricte et sélective de la loi en question contre les populations rwandophones.

En effet, ils notèrent dans leur rapport que l'option légale et constitutionnelle d'épuration tribale du patrimoine humain historique du Zaïre causait moins de tensions au sein des populations transfrontalières de l'Ouest, du Sud et du Centre. Il faut observer que ceci ne résultait pas du respect de la loi par des parents originaires des pays voisins, mais de l'homogénéité identitaire des populations en question à ces endroits du territoire national, de la survivance du lien de solidarité tribale de part et d'autre de la frontière, ainsi que de le non instrumentalisation électoraliste du droit à la nationalité par les politiciens locaux.

Ils relevèrent par contre, dans les Kivu, une exacerbation des tensions ethniques dues au rejet de la présence des populations d'expression rwandophone par celles des autres ethnies. Dans ce cas, il faut observer qu'il y a, dans cette partie du pays, une

---

[28]Chapitre II, section 2, 2, 2.2

forte concentration d'ethnies rivales transfrontalières, et une instrumentalisation systématique du droit à la nationalité plus à des fins politiciennes et électoralistes, que pour une épuration totale du patrimoine humain national : un politicien *nandé* (par exemple) tolère l'*infiltration*, au sein de la nation zaïroise, des individus issus du pendant ougandais de son ethnie (les *yira*) ; car il y voit une opportunité d'accroitre son *potentiel de suffrages électoral* par rapport à ses adversaires issus des ethnies rivales ; mais pour cette même raison d'arithmétique électorale, il va dénoncer avec virulence les *infiltrés* issus des pendants rwandais et burundais des communautés rwandophones du Nord-Kivu et de Haut-plateaux du Sud-Kivu, ainsi que la *traitrise* ou la *félonie* de ces dernières.

Visant en apparence la protection de la *nationalité zaïroise* comme « *héritage ancestral précolonial* », le véritable enjeu de cette stigmatisation ethnique est de disqualifier les adversaires politiciens issus de communautés rwandophones ou les concurrents sur les marchés économiques ou professionnels.

1.2 Recommandations d'une épuration ethnique rwandophobe grossièrement justifiées

En conséquence de ce raisonnement aberrant, les membres de la Commission politique de la CNS recommandèrent une épuration rwandophobe, justifiée par des mensonges historiques **(1.2.1)** et par un juridisme confus et étriqué **(1.2.2)**

1.2.1 Par des mensonges historiques

Dans un argumentaire incohérent et spécieux, ils tordirent la vérité historique sur le séquençage chronologique du flux migratoire des populations rwandophones **(A)**, et sur le statut colonial des *ressortissants du Ruanda-Urundi* **(B)**

A Sur le séquençage historique du flux migratoire des populations rwandophones

Sur base d'une documentation administrative, nullement fiable en la matière, les membres de la Commission politique de la CNS rayèrent toute présence précoloniale des communautés rwandophones sur le territoire national, en les faisant toutes découler de l'immigration des *ressortissants du Ruanda-Urundi*, organisée par le pouvoir colonial à partir de 1932. Ce qui est évidemment contredit par des données géographiques et historiques, juridiquement attestées.

En effet, nous pouvons lire dans leur rapport ce qui suit : « dans les documents relatifs à l'ancien district du Kivu (1900 – 1922), l'Archiviste Vande-woode dans "*Archives du Congo Belge*, documents relatifs à l'ancien district du Kivu, 1900–1922, Ed. 1939, P. 15-33", décrit les sociétés autochtones du Nord-Kivu, composées des grands groupes dirigés par des *Bami, Baho-loholo, Bagoma, Bakumu, Baboya, Babembe, Bavira, Bafuliru, Bashi, Bahavu, Bahunde, Banianga, Bashu, Batalinga, Baswagha, Baambo*. Aucune mention n'est faite sur *les Banyarwanda* et *les Barundi »*. Mais ceci est une référence à une documentation administrative, et non à une étude ethnographique. Or, comme nous l'avons exposé ci-avant[29], l'administration coloniale avait remodelé la structure ethnographique du peuplement précolonial de la RDC, en instituant la *chefferie indigène* comme cellule de base administrative. Cette dernière mélange à bien d'endroits des ethnies et tribus diverses, et elle est désignée par le nom de la tribu dont relavait le chef choisi par le pouvoir colonial pour y assurer l'ordre colonial. Une documentation administrative dénombrant les *chefferies indigènes* n'est donc pas sensée reproduire fidèlement l'ethnographie du peuplement précolonial de la RDC.

Au contraire, la Convention du 11 août 1910 entre la Belgique et l'Allemagne sur les frontières du Congo belge et du Protectorat du *Ruanda-Urundi* fut fondée sur un constat réel : au nord du lac Kivu, la frontière scindait en deux *Bugoyi*,

---

[29] Chapitre II, section I, 1, 1.2, 1.2.2

province du sultanat du *Ruanda*, de sorte que sa partie occidentale, comprenant les terres actuelles de Goma et Rutshuru, fut concé-dée au Congo belge[30]. En foi de quoi, les deux parties convin-rent[31]: « les indigènes habitant au nord du lac Kivu dans un rayon de 10 kilomètres à l'ouest de la frontière décrite ci-dessus auront, pendant un délai de six mois, à partir du jour où les travaux de délimitation sur place seront terminés, la faculté de se transporter avec leurs biens meubles et leurs troupeaux sur le territoire allemand. Ceux qui auront usé de cette faculté seront autorisés à procéder librement à la récolte des moissons qui se trouvaient sur pied au moment de leur départ ». La majorité de ces indigènes *ruandais* préféra rester sur ses terres ancestrales cédées à la Belgique, et que cette dernière érigea en collectivité ou secteur de Bwisha, à la tête de laquelle elle plaça un *Mwami* (Chef coutumier), du nom de Daniel NDEZE.

Concernant les tutsi des Hauts-plateaux du Sud-Kivu, ils apparaissent bien dans toutes les littératures géographiques sur peuplement précolonial de ce territoire, dont la plus récente qui fait autorité est l'ouvrage de G. WEIS « Le Pays d'Uvira : étude de géographie régionale sur la bordure occidentale du lac Tanganyika », publié en 1959 par l'Académie Royale des sciences coloniales. Nous pouvons y lire[32] que le peuplement précolonial de ce territoire se fait par vagues de migrations successives des twa, des bavira et autres bantous, et des *ruandas*[33]. Ces deniers sont des peuples nomades des pasteurs tutsi, qui s'y installèrent en dehors des terres occupées coutumièrement, en se dispersant sur les *terra nullius* du plateau d'Itombwe, où leurs descendants fondèrent les villages de Galye, Munanira, Kishembwe et Kalonge, Kataka[34]. L'EIC érigea ces derniers en une entité administrative en 1906, que l'administration coloniale supprimera en 1953 pour en rattacher les villages à la *Chefferie indigène* des *vira*. La géopolitique

---

[30] LECOCQ, HANS-JOACHIM, op cit, loc. cit.

[31]CONGO BELGE, Bulletin officiel, année 1911, p.683-690.

[32] Pages 141 à 150

[33]Le terme *ruandas* est une invention de l'ethnologie coloniale.

[34] Cette occupation foncière se fait sans heurts avec les premiers migrants dont la propriété foncière ancestrale ne s'étend pas au-delà des terres utiles pour leur subsistance. Et elle est conforme à la règle de droit international public de l'époque : là où il n'existe pas d'État souverain moderne, la terre appartient au premier occupant.

coloniale à l'égard des dits *ruandas* est caractérisée par le souci de confiner leurs activités pastorales à des endroits fixes, pour disposer de plus de terres possibles pour l'agriculture commerciale[35].

Donc, il est bien historiquement établi que, non seulement le peuplement précolonial ou autochtone du territoire national congolais comprend des populations rwandophones, mais également que ce territoire est formé de leurs possessions foncières coutumières. Ce qui, du reste, fera dire au président du Rwanda de l'époque (Pasteur Bizimungu) face à l'afflux, sur le territoire rwandais, des refugiés congolais victimes de l'épuration ethnique des années 1993-1996 : « si vous voulez chasser les rwandophones du territoire zaïrois, chassez les avec leurs terres[36] »

B Sur le statut colonial des ressortissants du Ruanda-Urundi

Après avoir malicieusement confondu toutes les populations rwandophones congolaises dans la catégorie coloniale des *ressortissants du Ruanda-Urundi*, les membres de la Commission politique de la CNS arguèrent que l'immigration de ces derniers, organisée par le pouvoir colonial n'impliquait nullement l'acquisition du statut colonial d'*indigène du Congo belge* ou de *congolais* (indigènes immatriculés). Ce qui est une erreur procédant d'une interprétation assez farfelue de la législation coloniale en la matière.

En effet, ils évoquèrent de manière confuse l'article15 du décret du 19 Juillet 1926 sur l'émigration des *ressortissants du Ruanda Urundi*, et une définition doctrinale du terme *indigène*, pour démontrer qu'en annexant son protectorat du *Ruanda-Urundi* à sa colonie du Congo belge, la Belgique n'avait jamais confondu leurs habitants dans un même statut personnel. Nous pouvons en effet lire dans leur rapport que l'article 15 susévoqué « apporte toute la lumière sur le statut d'immigré rwando-burundais au Congo, lorsqu'il charge le gouvernement "d'organiser un

[35] Pages 284 et s.

[36]Discours prononcé à Rubavu (ex-Gisenyi) en octobre 1996, devant les refugiés tutsi congolais, victimes des pogromes organisés par les autorités provinciales du Nord-Kivu.

service de contrôle et de protection des indigènes du Rwanda-Urundi qui se trouvent hors de ce territoire" (B.O. 1926, p. 729) » ; et que « J. Magotte, dans son commentaire du Décret du 5 Décembre 1933 sur les circonscriptions indigènes définit comme suit le concept indigène : "la définition du terme indigène n'appelle aucun commentaire : il désigne les indigènes du Congo et ceux de colonies limitrophes, c'est-à-dire des colonies ayant avec le Congo belge une frontière commune parmi lesquelles doivent être rangés les indigènes de territoire sous mandat" (Magotte J., commentaire du Décret du 5 Décembre 1933 Editions Verviers 1934, p. 15) .»

Cependant, il est évident que la Belgique n'avait jamais et ne pouvait nullement, au regard de la règle de droit international, soumettre les indigènes de sa colonie et ceux de son protectorat à un même statut personnel ; et la revendication du droit à la nationalité congolaise d'origine par les *ressortissants du Ruanda-Urundi*, dont l'immigration avait été organisée par l'administration coloniale, n'était pas fondée sur une prétendue règle d'unification des statuts personnels des indigènes de deux contrées, mais bien sur les conditions légales de leur installation au Congo belge : le transfert de la main d'œuvre du Protectorat vers la Colonie (particulièrement dans le Masisi), telle qu'organisée à partir de 1934 dans le cadre de la *Mission d'Immigration Banyarwanda*(MIB), impliquait pour les immigrés l'accès au statut d'*indigène du Congo belge* : ils remettaient, dès leur arrivé au siège du district du Nord-Kivu, leur carte du Rwanda-Urundi, et les autorités leur délivraient des *livrets d'indigène du Congo belge*. Par ailleurs, vu leur nombre croissant, l'administration coloniale les organisa en villages, dirigés par des notables locaux. Il fut même créé une *chefferie indigène*, « Gishari », à la tête de laquelle fut placé un *Mwami* ou *capita* du nom de Wilfried Bucyanayandi.

Donc, il est claire qu'en installant les *ressortissants du Ruanda-Urundi* sur son territoire colonial, la Belgique leur conférait le statut d'*indigènes du Congo belge*, qui fonde leur droit à la nationalité d'origine de la RDC, en tant qu'État successeur. La distinction des statuts personnels des *indigènes du Congo belge* et du *Ruanda-Urundi* ne pouvait être, par conséquent, un argument raisonnable pour contester ce droit aux *ressortissants du Ruanda-Urundi*, ayant immigré au Congo belge dans le cadre du MIB.

1.2.2 Par un juridisme confus et étriqué

S'inscrivant dans une perspective législative erronée **(A)**, les membres de la Commission politique de la CNS réfutèrent le droit à la nationalité zaïroise d'origine des ressortissants du Ruanda-Urundi sur base d'une prétendue fraude à la nationalité **(B)** et de l'absence de risque d'apatridie **(C)**,

A Dans une perspective législative erronée

La question qui se posait à l'époque étant bien celle du droit à nationalité congolaise d'origine des immigrés *ressortissants du Ruanda-Urundi* à la date du 30 juin 1960, elle devrait être analysée à la lumière de la législation coloniale sur leur statut et de la règle internationale en la matière, et non sur base des législations postcoloniales de la RDC, du Rwanda et du Burundi, comme le fit la commission politique de la CNS.

Dans le cas d'une succession d'État, le droit à la nationalité d'origine des individus établis sur le territoire légué est un droit humain fondamental, dont la reconnaissance s'impose à l'État successeur, suivant les règles de leur statut personnel sous l'État antérieur, la règle de droit international et les conditions objectives de la succession ; il n'est pas un droit octroyé conformément au droit postérieur de l'État successeur, et dont la validité doit s'apprécier conformément à ses lois ou aux lois des autres États.

Ainsi, concernant le droit à la nationalité congolaise d'origine des immigrés *ressortissants du Ruanda-Urundi*, il s'établit conformément aux conditions légales de leur implantation au Congo, telles que fixées par l'administration coloniale dans le cadre de la MIB (précisées ci-avant) ; à l'article 15 de la déclaration universel des droits de l'homme de l'ONU ; et au point *1* de la *résolution n°2 relative à l'organisation du gouvernement* de la Conférence de la Table Ronde, telle que précisée ci-avant[37].

B Sur base d'une prétendue fraude à la nationalité

D'un point de vue juridique, outre le renvoi erroné à la règle belge de distinction des statuts des indigènes du Protectorat du Ruanda-Urundi et du Congo belge, les membres de la Commission évoquèrent les Résolutions n°2 et 11 de la Table Ronde pour établir que la nationalité congolaise des immigrés *ressortissants du Ruanda-Urundi* procède d'une fraude à la loi ou n'a pas de base juridique défendable.

Au regard des conditions légales de leur immigration au Congo, dans le cadre du MIB, nous avons démontré ci-avant qu'ils acquéraient des titres de *congolais* convertibles, à l'indépendance, en droit de nationalité ; au regard des résolutions n°*2* et n° *11* de la Conférence table ronde, c'est leur interprétation erronée qui induisit leur exclusion du droit à la nationalité congolaise d'origine. La résolution n°11, telle qu'énoncée ci-avant[38], fixe en effet les conditions générales d'éligibilité aux fonctions politiques, et non d'acquisition ou de reconnaissance de la future nationalité congolaise ; elle ne peut donc servir de base d'analyse en cette matière. Le principe de jouissance de la nationalité du futur État indépendant est fixé à la résolution n°2 ; et telle qu'énoncée ci-avant, elle ne laisse pas au future État la liberté souveraine de déterminer qui des « *habitants* » du Congo belge, aura la nationalité congolaise ou pas, comme le pensèrent les membres de la Commission politique de la CNS.

En effet, il ressort clairement de la Résolution n°2 en question que tous les « habitants » du Congo belge devraient avoir la même nationalité, dans les conditions définies par la loi ; le principe de base posé fut de reconnaitre la nationalité congolaise à tous les « habitants » du Congo belge, tels que catégorisés par la *Charte coloniale* ; et le nouvel État devrait par la

[37] Vois ci-avant Chap. II, 1, 3, 3.1

[38] Voir ci-avant, Chap.II, 1, 3, 3.1

suite légiférer sur les conditions d'accès au droit reconnu, suivant leurs catégories coloniales.

C'est ainsi que concernant la catégorie d'habitants allogènes (c'est-à-dire ceux installés au Congo du fait de la colonisation, ou ayant la nationalité étrangère du fait de la loi de leurs pays de provenance), l'article 9 du décret-loi du 18 septembre 1965 relatif à la nationalité congolaise institua le droit d'option : ils avaient ainsi le droit d'opter pour nationalité congolaise, s'ils étaient nés sur le territoire de ce qui était devenu le Congo et y résidaient habituellement depuis au moins l'âge de 16 ans, à partir du 30 juin 1960.

C Sur base d'une prétendue absence de risque d'apatridie

Se fondant sur l'absence de risque d'apatridie, les membres de la Commission politique de la CNS conclurent que c'est par erreur que l'ordonnance-loi n° 71/020 du 26 Mars 1971 avait octroyé la nationalité congolaise d'origine aux *ressortissants du Ruanda-Urundi*, et qu'en la leur retirant, la loi n°81/002 du 29 Juin 1981 ne viola en rien les conventions internationales en matière de prévention et de réduction des cas d'apatridie. Ils opinèrent ainsi par une interprétation extensive de ces dernières, en violant l'article 15 de la Déclaration universelle des droits de l'Homme.

En effet, à son article 8 point 2, la Convention du 30 août 1961 sur la réduction des cas d'apatridie stipule : « les États contractants ne priveront de leur nationalité aucun individu si cette privation doit le rendre apatride ». Les membres de la Commission semblent en déduire le droit de tout État contractant de priver de la nationalité un groupe d'individus, s'ils ont la possibilité légale de se prévaloir de la nationalité d'un autre État. Ceci justifie donc la privation de la nationalité congolaise au groupe d'individus relevant de la catégorie coloniale de *ressortissants du*

Ruanda-Urundi, car la loi portant code de la nationalité rwandaise du 28 septembre 1963 en fait des rwandais par filiation[39].

Cependant, dans le cas spécifique d'une succession d'État, priver du droit à la nationalité une catégorie d'habitants, en raison de leur *allogèneité* et de la possibilité légale que leur offre leur pays d'origine de se prévaloir de sa nationalité est bien contraire à l'article 15 de la déclaration universelle des droits de l'Homme qui stipule que « tout individu a droit à une nationalité. Nul ne peut être arbitrairement privé de sa nationalité, ni du droit de changer de nationalité ». Cette disposition implique que tout individu établi sur le territoire légué par un État prédécesseur a droit à la nationalité de l'État successeur ; et si des changements politiques induisent pour lui la possibilité légale de sa prévaloir de la nationalité d'un autre État, il a le droit d'opter pour la nationalité de l'État où il a son domicile. Si cet État peut assortir l'exercice de ce droit d'option des conditions (telles que l'engagement de ne jamais se prévaloir de la nationalité offerte par un autre État), il ne peut pas choisir une nationalité pour un individu ou un groupe d'individus et la leur imposer.

En se fondant sur la possibilité légale leur offerte par la nouvelle République rwandaise de se prévaloir de sa nationalité, pour priver les ex *ressortissants du Ruanda-Urundi* de la nationalité congolaise, les membres de la Commission politique de la CNS avaient donc violé l'esprit de l'article 15 de la déclaration universelle des droits de l'Homme de l'ONU.

Par ailleurs, la seule absence de risque d'apatridie n'implique pas pour un État le droit de priver un individu ou un groupe d'individus de sa nationalité. La convention en question prévient un tel abus à son article 9 qui stipule : «les États contractants ne priveront de leur nationalité aucun individu ou groupe d'individus pour des raisons d'ordre racial, ethnique, religieux ou politique » ; ainsi qu'à son article 8 qui indique limitativement les conditions justificatives d'une privation de nationalité, et précise qu'un État ne peut exercer cette faculté que si l'individu visé

---

[39]L'article 1[ier] de cette loi stipule : "Est rwandais tout individu né d'un père rwandais ou dont la possession d'état de rwandais est établie". (Journal Officiel de la République Rwandaise du 19 Octobre 1963, pp. 427-494)

a bien « la possibilité légale de faire valoir tous ses moyens de défense devant une juridiction ou un autre organisme indépendant ».

Or in fine, en violation de ces dispositions conventionnelles, l'argumentaire juridique spécieux de la Commission politique de la CNS cache bien une motivation politique et discriminatoire qui n'offre aux personnes visées aucun droit de recours légal. On peut en effet lire dans le rapport de la Commission cette accusation qui vise indistinctement les populations rwandophones : « par ailleurs, ils refusent de se soumettre à l'autorité coutumière locale, au recensement et à l'identification administrative. Ils se caractérisent aussi par la corruption pour se faire délivrer des fausses pièces d'identités et d'autres documents falsifiés. Enfin, pour illustrer leur comportement comme étrangers, ces prétendus congolais d'origine rwandaise ont pour la plupart contribué chacun à sa manière à la récente guerre au Rwanda »

1.3 Rectification hypocrite par le rapport final des travaux de la CNS

Dans les conclusions du rapport final des travaux de la CNS[40], la plénière rectifia le contenu incendiaire du rapport de sa Commission politique, en recommandant des bases rationnelles et humanistes pour le traitement de la problématique de nationalité induite par l'application de la loi sur la nationalité de 1981. Mais la sincérité de cette recommandation fut démentie le Parlement de transition, émanation de la même CNS, dans un incroyable déchainement de violence contre les populations rwandophones.

Concernant les recommandations faites au Gouvernement de transition sur la question de nationalité, nous pouvons lire dans le rapport final de la CNS : « la question de la nationalité a été abordée avec les précautions qui s'imposent pour à la fois concilier le souci de préserver au Congo sa vocation de pays intégrateur, « métissé », sans ostracisme outrancier d'aucune sorte, et celui de faire respecter les lois nationales en matière d'immigration, de résidence ou de naturalisation, tout en évitant de plonger des catégories de citoyens dans l'apatridie qui mettrait

---

[40]Tel que publié dans la revue Zaïre-Afrique, mars 1993, 33ième année, n°273

notre pays au banc des pays violateurs de droits de l'homme. Notre peuple doit désormais apprendre à ne plus jamais violer ses propres lois dans des matières aussi délicates ni chercher à remettre en cause inutilement les droits acquis par des citoyens. La paix sociale, le progrès et le développement sont à ce prix ».

Il y a trois vérités dans cette recommandation qui peuvent induire un règle juste et raisonnable de reconnaissance de la nationalité congolaise d'origine : le Congo a une « vocation de pays intégrateur », c'est-à-dire que son peuplement colonial à la base de sa fondation, tel que catégorisé par la Charte coloniale, brasse des ethnies et des nationalités diverses fongibles dans la nationalité du nouvel l'État fondé le 30 juin 1960 ; la règle de nationalité ne doit stigmatiser une catégorie de citoyens, de manière à les plonger dans la apatridie ou à remettre inutilement en cause leurs droits acquis ; elle doit viser la paix sociale, le progrès et le développement, et non l'assouvissement de la xénophobie, de la haine ethnique et des ambitions politiciennes.

Mais face à la violence politico-ethnique qui va bientôt embraser la région des Grands-Lacs, le Parlement de transition mis en place par la CNS renoncera à ces vérités, et optera pour l'application rigoureuse et stricte de la règle d'épuration tribale du patrimoine humain national : il recommanda, dans une rhétorique xénophobe d'une rare violence, l'expulsion (du territoire national) de toutes les populations rwandophones.

1.4 L'implosion de violence ethnique rwandophobe dans les Kivu

Dans la foulé des travaux de la CNS, dont le rapport de la Commission politique devint un instrument de construction de la haine à des fins électoraliste, le Nord-Kivu et le Sud-Kivu plongèrent dans une rare violence ethnique rwandophobe, que les politiciens se contentèrent d'attiser en sous mains, étant inspirés par une machiavélique arithmétique électorale.

En effet, dans le climat de stigmatisation des populations rwandophones créé par le rapport de la Commission politique de la CNS, le gouverneur de l'époque (Jean-Michel Kalumbo Mbogho) traduisit ainsi le souci, lié à l'arithmétique électorale provinciale, de tous les politiciens locaux qui craignaient pour la suite de leurs carrières politiques, dans le processus démocratique enclenché : « les Hutu et les Tutsi constituent la moitié de la population du Nord-Kivu à raison de 40% Hutu, 10% Tutsi. L'autre moitié étant constituée des Nande 40%, Nyanga 4%, Hunde3%, Tembo 2% et autres 1% (…) Récemment, nous avons entendu parler d'une réconciliation entre Hutu et Tutsi (..). Comme l'union fait la force, les Hutu et les Tutsi feront un très grand chiffre démographique qui décrochera la majorité des sièges dans les organes délibérants des collectivités, des zones, des villes, de la région et de l'assemblée nationale[41]».

Il n'en fallait pas plus pour engager des politiciens « bantous » du Nord-Kivu dans une campagne préélectorale de nettoyage ethnique rwandophobe, en vue de rééquilibrer le rapport de forces électoral. Dès mars 1993, des milices tribales *Nyanga* et *Hunde* attaquèrent les populations rwandophones dans le Masisi et Walikale, faisant des milliers de morts et de déplacés. Avec la résistance des victimes qui créèrent des forces d'autodéfense, la violence ethnique s'inscrivit dans la durée, sans cependant émouvoir outre-mesure les autorités publiques au niveau national. Les réactions officielles, plus ou moins hypocrites, se limitèrent à la condamnation des actes de violence ou à l'envoi des missions de pacification, sans lendemain.

Il faut dire qu'à ce stade du conflit sur la nationalité, si telle ou telle autre personnalité publique pouvait bien oser, à titre personnel, une interprétation discriminatoire de la loi sur la nationalité de 1981 contre les populations rwandophones, le gouvernement ne pouvait pas risquer l'application effective du principe d'épuration tribale qui en découlait, et tel que justifié dans le rapport de la Commission politique de la CNS, sans risquer une réprobation de la Communauté internationale. Une réserve officielle que ne va pas durer longtemps.

---

[41] Propos rapporté par le journal *Le Soft* n°153, du jeudi 17 juin 2993, p.12

1.5 L'opportunité d'amalgame et de phobie populaire offerte par l'afflux de refugiés rwandais en 1994

À partir d'août 1994, saisissant l'opportunité d'amalgame et de phobie populaire offerte par l'afflux massif des réfugiés rwandais, les autorités gouvernementales sortirent de leur réserve pour appuyer officiellement l'épuration ethnique rwandophobe, en cours dans les provinces du Nord-Kivu et du Sud-Kivu, et ce, en application de la loi sur la nationalité de 1981 et suivant les recommandations du rapport de la Commission politique de la CNS.

Le Front patriotique rwandais (FPR) prit le pouvoir au Rwanda en juillet 1994, mettant du coup fin à un effroyable génocide des tutsi. Les forces génocidaires défaites s'installèrent dans les Kivu avec armes et bagages, accompagnées des dizaines des milliers de rwandais *hutu* qui y investirent les villes et les villages. Dans ces provinces déjà en proie à une meurtrière épuration ethnique rwandophobe, ce bouleversement sociopolitique modifia le rapport de forces politico-ethnique en présence. La population rwandophone, unie au départ comme victimes d'une même épuration ethnique, se scinda en effet en deux : les *Hutu* congolais trouvèrent dans les milices *hutu* rwandais un appui pour la défense de leurs terres ; isolés et menacés par l'idéologie génocidaire de nouveaux alliés de leurs *frères*, les tutsi congolais organisèrent des milices d'autodéfense, ou se refugièrent au Rwanda, à la suite des immigrés tutsi rwandais de 1959, qui y retournaient à l'instigation du nouveau gouvernement rwandais, soucieux de compenser le gap démographique créé par le génocide de près de 800.000 tutsi restés au Rwanda.

Dans le chef des habitants des Kivu, cette vague massive de réfugiés *hutu* et de leurs milices défaites, qui s'organisèrent rapidement sur leurs terres en une rébellion armée, suscita un fort sentiment d'insécurité, dérivant en une phobie populaire, nourrie par des théories de complot qui commencèrent à fleurir : elle augurerait un envahissement planifié par le FPR, décidé à contraindre à l'exil le plus grand nombre possible de *hutu*, en vue de les installer dans les Kivus, puis transformer ces provinces en *Hutuland* et les annexer ultérieurement au Rwanda. Il se forma alors une demande politique populaire pour l'expulsion forcée de toutes les populations rwandophones.

Cette théorie du complot fut vite validée par un gouvernement de transition en mal de légitimité[42], qui multiplia des appels démagogiques à l'aide internationale pour le retour forcé des refugiés, alors même qu'il coopérait officieusement à la réorganisation de leurs milices (*interahamwe*) qui quadrillaient leurs camps et les prenaient en otage, pour s'en servir comme bouclier humain dans leur guerre contre le FPR. Le préalable sécuritaire et logique de leur neutralisation et de leur distinction avec les réfugiés, posé par le nouveau gouvernement rwandais fut malicieusement interprété et diffusé dans l'opinion publique comme un refus de leur rapatriement, prouvant une volonté hégémonique.

Incapable et en mal de légitimité populaire, le Gouvernement se résolut ainsi à survivre, à travers un discours officiel épousant les théories du complot rwandophobes à la base d'une psychose collective, ainsi qu'un processus institutionnel d'expulsion des réfugiés rwandais, voilant en réalité l'officialisation d'un nettoyage ethnique visant indistinctement tous les individus d'expression rwandophone, congolais comme refugiés. Au moi d'août 1994, le Haut conseil de la République-Parlement de Transition (HCR-PT) décida, pour ce faire, de mettre en place une *Commission ad hoc d'information* sur la situation des Kivus, dite « Commission Vangu » (du nom de son président, Vangu Manbweni).

Au nom de la protection de la souveraineté nationale et de l'intégrité territoriale contre la présence massive, organisée et instrumentalisée des refugiés *hutu* rwandais, le rapport de cette commission servit de base à un discours officiel bassement complotiste, validant l'épuration ethnique rwandophobe en cours dans les Kivus depuis 1993, et à la prise des mesures conséquentes de spoliation de biens, de déchéance de droits et de déportation de toutes les populations rwandophones congo-

---

[42] En 1994, le Gouvernement du premier Kengo Wa Dondo qui vient d'être installé par le HCR-PT dont la majorité acquise à un Président Mobutu largement conspué, est contesté dans l'opinion publique comme issu d'un coup de force contre le 1[ier] Etienne TSHISEKEDI, élu à la CNS.

laises, maquillées sous forme de décision d'expulsion de tous les « refugiés et immigrés rwandais. »

1.6 Le rapport de la « Commission Vangu » et les résolutions d'épuration ethnique rwandophobes du HCR-PT

Sur base d'un jugement surréaliste des faits **(1.6.1)**, la « Commission Vangu » fit un rapport sur base duquel le HCR-PT prit des résolutions d'épuration ethnique rwandophobe **(1.6.2),** permettant la libération et l'officialisation de la parole rwandophobe en RDC **(1.6.3)**

1.6.1 Jugement surréaliste des faits

Du 24 au 25 avril 1995, la « Commission Vangu » présenta au HCR-PT un rapport, dont le jugement des faits recours moins à une analyse socio-politique rigoureuse et sérieuse de la situation qu'à un imaginaire collectif pollué par des théories du complot locales, où les intentions des acteurs varient suivant la thèse qu'elle désirait prouver.

Sur base des témoignages recueillis auprès d'un échantillon de populations locales « autochtones », le rapport réécrit l'histoire du peuplement du Nord-Kivu et du Sud-Kivu, de manière à confondre toutes les populations rwandophones dans le statut d'immigré (installés par le pouvoir colonial dans le cadre du MIB) et de refugié (exilés à la suite des guerres ethniques postcoloniales du Rwanda et du Burundi), ayant usurpé la nationalité zaïroise[43] pour annexer les Kivu au Rwanda. Il reproduit ensuite toutes les thèses complotistes recueillies dans la rue, pour agiter un péril *hutu-tutsi* à conjurer à tout prix. Nous pouvons ainsi y lire pêle-mêle ces assertions farfelues et déconnectées de toute rationalité politique[44] :

---

[43] KALUBAMBI MPONGO Martin, *Transition et Conflits politiques au Congo-Kinshasa*, éd. Karthala, Paris, 1999 annexe I : Rapport de la Commission Vangu, p. 328 à 329

[44] KALUBAMBI MPONGO, op cit, pp 329-341

- « à Goma, Rutshuru, Masisi, Bukavu, Walungu, Kabare, Kalehe, Walungu, … la circulation est *rwandalisée* et le terriroire zaïrois est manifestement assiè-gé : les populations locales sont minorisées à vue d'œil. »
- « la guerre entre zaïrois et banyarwanda (refugiés et immigrés) s'intensifie … »
- « les immigrés et refugiés rwandais sont obstinés à conquérir la nationalité par la force des armes. »
- « les tutsi et réfugiés, même ceux qui étaient considérés comme zaïrois, *re*tournent au Rwanda pour y remplacer les hutu et les peupler.»
- « les interahamwe, les éléments de FAR et tout refugié qui se reproche d'avoir participé aux tueries abusivement appelées génocide au Rwanda préfèrent s'infiltrer et se confondre aux immigrés hutu ou aux banyarwanda dans la zone de Rutshuru pour s'assurer de leur nouveau statut zaïrois. »
- « dans la région du Nord-Kivu comme celle du Sud-Kivu, il n'a pas été possible à la commission de rencontrer les refugiés rwandais de 1959-1960, car tous ont, par des voies frauduleuses, obtenu la carte d'identité zaïroise. Barthelemy Bisengimana (…) et Gisaro les y ont aidé jusqu'à la nomination des hauts fonctionnaires de l'État zaïrois en lieu et place des nationaux. L'obtention et l'acquisition des titres fonciers (…) des droits civiques et politiques leur ont été reconnus. »
- « à Bukavu, l'opinion signale à la commission que celle-ci est minée car elle comporte en son sein un non-zaïrois, et que pour s'informer sur l'identité des populations, elle peut être induite en erreur : il s'agit de l'honorable Kalegamire. »
- « attendu qu'une alliance Bujumbura-Kigali a été conclue entre tutsi pour la mise sur pied de l'*entité tutsiland*, espace géographique couvrant le Rwanda, le Burundi, une partie de l'Ouganda, la Région du Nord-Kivu et la région du Sud-Kivu, caractérisé par l'émergence de l'hégémonie Hima dans la Région des grands-lacs.»
- « Étant donné que le tutsiland sera, selon le projet en cours, dirigé par les tutsi ayant sous leur domination les peuples occupants l'espace, à savoir les Nande, les Hunde, Nyanga, Tembo, Havu, Twa, Shi (…) et les valets traditionnels de tutsi (les hutu).»
- Attendu que les tutsiland traduit en actes le plan de la République des Volcans plusieurs fois cités par les groupes cibles.»

- « Constatant que les Hutu expriment les mêmes visées par la guerre qu'ils livrent aux bahunde dans la région du Nord-Kivu et du Sud-Kivu en particulier et par la lutte d'extermination des tutsi au Rwanda et au Burundi.»
- « Considérant que la république du Zaïre a tendance à se conforter dans la thèse selon laquelle elle est victime d'un vaste complot initié et entretenu par les puissances occidentales pour la création de la République des Volcans ou le Tusiland, si la communauté internationale à travers l'ONU ne trouve pas des solutions palpables au problème rwando-rwandais par la reconciliation nationale ou le retour à la démocratie… »

Ces assertions farfelues traduisent moins un jugement objectif des faits qu'un procès d'intention conspirationiste contre des acteurs ciblés d'avance, auxquels on prêtent des intentions variant suivant la thèse que l'on veut prouver : hutu et tutsi veulent d'une part, devenir zaïrois par la force, et d'autre part créer une « République des Volcans » ; les refugiés tutsi de 1959 rentrent massivement au Rwanda, et en même temps, si on ne le retrouve plus au Kivu, c'est parce qu'ils se sont procurés frauduleusement les pièces d'identité zaïroises et se présentent comme zaïrois ; le FPR veut tantôt créer un *Tutsi-Land* incluant tous les Kivu, tantôt y installer de force tous les Hutu expulsés du Rwanda et faire de ce dernier un *tutsiland* (repeuplé exclusivement des tutsi) ; la Communauté internationale veut tantôt contraindre le Zaïre, doté d'immenses étendues de terres, à intégrer les réfugiés et immigrés hutu, en vue de désengorger le Rwanda à la démographie galopante ; tantôt aider le Rwanda à occuper les Kivu pour créer la « République des Volcans.»

1.6.2 Recommandations et résolutions d'épuration ethnique du HCR-PT

Au terme de ce procès d'intention contre des acteurs ciblés d'avance, la « Commission Vangu » exigea l'application de la loi sur la nationalité de 1981 en ce qu'elle définit la nationalité zaïroise d'origine, en claire des mesures d'épuration tribale contre toutes les populations rwandophones installées dans les Kivu, et considérées comme « immigrés et réfugiés rwandais. » Elle exigea ou recommanda ainsi, entre autres :

- « le rapatriement sans conditions de tous les immigrés et réfugiés rwandais.»
- « l'annulation par le ministère de l'intérieur de tous les actes de nomination des immigrés et réfugiés dans la territoriale en zone de Rutshuru, Masisi et Walikale.»
- « l'annulation par le Président de la République de tous les actes de nomination de tous les immigrés et réfugiés rwandais ou burundais à tous les niveaux de la gestion du pays et de la diplomatie.»
- « la création au sein du HCR-PT d'une commission spéciale chargée d'inventorier tous les actes de nomination des immigrés à des postes de haute responsabilité et les proposer au Chef de l'État et au gouvernement pour annulation.»

En application de ces recommandations, le HCR-PT vota, le 28 avril 1995, une série de résolutions prescrivant l'expulsion sans conditions et sans délais de tous les « réfugiés et immigrés rwandais et burundais », incluant tous les congolais d'origine hutu et tutsi ; l'annulation des titres fonciers des « émigrés » ou des « transplantés » ; et l'interdiction de toutes les associations des banyarwanda et des banyamulenge. Il s'agissait en fait de renvoyer de force vers le Rwanda des millions d'individus, et constituer pour le nouveau régime du FPR un triple défi sécuritaire, humanitaire et politique.

1.6.3 Libération et officialisation de la parole rwandophobe

Pour un régime mobutiste discrédité et ayant fait l'impasse sur l'alternative sociopolitique proposée au terme de la CNS, sans pouvoir en proposer une autre, « l'immigré et réfugié rwandais » ainsi stigmatisé se présenta comme un ennemi idéal, contre lequel il pouvait mobiliser le peuple et retrouver une certaine légitimité populaire. C'est ainsi que le discours officiel dérapa et se mit à relayer la *tutsiphobie* ambiante.

Dans un rapport fait à la commission parlementaire des affaires étrangères sur la crise politico-humanitaire dans les Kivu, en date du 29 février 1996, le ministre des affaires étrangères (Gérard kamanda wa kamanda), déclara ce qui suit :

« L'exode des Réfugiés rwandais au Zaïre (RDC) est à considérer comme la tête d'un Iceberg, car cette situation n'était pas accidentelle, mais plutôt quelque chose de bien programmé dont seul le Zaïre (RDC) semblait ignorer les tenants et les aboutissants.

Un puissant lobby anglo-saxon travaille sur ce dossier depuis des années avec des solides ramifications : au Bureau du Secrétaire Général de l'ONU ; dans les structures mêmes de l'ONU ; en Allemagne ; au Congrès américain ; en Grande Bretagne ; au Bureau de l'O.U.A.

À ce sujet, le S.G. de l'O.U.A ; avait même déjà initié un dossier fort avancé sur les causes profondes de l'instabilité des populations dans la région des Grands Lacs. La solution de cette situation consiste à appliquer sur terrain une étude développée par le Professeur Kenyan de nom de Mazrui, et qui consiste à revoir les tracés des frontières des États sur base des affinités ethniques pour aboutir à l'émergence de l'Empire Hima à l'Est du Continent Africain (...) Lorsque je me suis vu avec le S.G. de l'O.N.U, Monsieur Boutros Boutros Ghali, je lui fis comprendre que pour le Zaïre, le schéma fiable reste le rapatriement des réfugiés chez eux. Il me dira qu'il était parfaitement d'accord de notre avis. Toutefois, des pays comme le Zaïre et la Tanzanie ayant beaucoup d'espaces, doivent penser à recevoir ce trop-plein des Rwandais si pas maintenant mais dans l'avenir.

A ce propos, saviez-vous par exemple, que l'actuel Ambassadeur du Rwanda à l'O.N.U, était à peine hier fonctionnaire du Zaïre au PNUD ? C'est avec le quota du Zaïre et notre passeport que jusque-là il travaille à l'O.N.U. Allez à la Cour Suprême de Justice ici, vous en trouverez aussi d'autres qui y travaillent comme Zaïrois. Ma thèse ayant fait du chemin dans les esprits, certains pays, notamment la France, ont délié la langue sur cette affaire. »

En novembre 1995, le Général Eluki Monga Aundu, chef d'État-major de l'armée, positionna les forces armées pour appuyer l'épuration ethnique en cours de le Masisi et Walikale, et il déclara à cet effet que les Nyanga, les Tembo, les Hunde et les Nande (tribus du Nord-Kivu) avaient raison d'expulser les *banyarwanda.* Ce qui donna des ailes au gouverneur intérimaire du Nord-Kivu, Christophe Moto Mupenda qui, en mai 1996, déclara : « Nous devons attaquer et attaquer encore les immigrants maintenant », avant de menacer les *tutsi* zaïrois, déplacés à

Goma, le 12 avril 1996, en ces termes: « s'ils ne veulent pas s'en aller, on ne peut pas leur garantir la vie » ; et il ajouta qu'ils avaient « le choix entre l'expulsion et la mort.»

En Septembre 1996, se référant aux résolutions du HCR-PT, le commissaire de zone d'Uvira (dans la province du Sud-Kivu), Shweka Mutabazi, ordonna l'inventaire des propriétés immobilières des Banyamulenge de sa juridiction en vue de leur expropriation. Dans le même temps, des milices de l'ethnie *bafulero*, sous les ordres de Anzuluni Bembe, vice-président du HCR-PT, se mirent à attaquer les villages des banyamulenge et à les chasser, avec l'aide des soldats des forces armées zaïroises.

Cependant, le rapporteur spécial de l'ONU, Roberto Gareton, alerta sur cette dérive officielle en déclarant que « la classe politique en général et un certain nombre de secteurs de la société civile adoptent à l'égard des banyarwanda une dangereuse attitude de rejet[45].» Pour leur part, l'archevêque et les évêques de la province ecclésiastique du Kivu s'exprimèrent, dans leur message « aux chrétiens catholiques du Kivu, aux réfugiés et aux hommes de bonne volonté », daté du 9 mars 1995, en ces termes : « chacun, là où il habitait, se sentait chez lui, car personne n'était considéré comme étranger, sauf quand les politiciens ont commencé à mettre en cause la nationalité d'une partie de la population d'expression rwandaise (…) la nationalité zaïroise devraient être reconnue d'office aux Banyarwanda natifs du pays et à tous les immigrés rwandais et burundais qui se trouvaient sur le territoire congolais avant le 30 juin 1960.»

1.7 La « révolte des banyamulenge »

Face une menace d'extermination qui se précisait, les tutsi congolais organisèrent une résistance qualifiée et popularisée par les médias comme la « *révolte des banyamulenge* [46] », et qui évolua d'une revendication communautaire légale à une rébellion nationale **(1.7.1)**, mais connut un échec politique et idéologique **(1.7.2)**

---

[45]Rapport sur la situation des droits de l'homme au Zaïre. Mission dans le Kivu septentrional. ; pp15-29.

[46] « banyamulenge » est la dénomination ethnique que se donnent les tutsi établis dans les Hauts-Plateaux du Sud-Kivu, en remplacement de leur désignation coloniale : « Ruandas », qui le confond aux réfugiés rwandais de 1959.

1.7.1 De la revendication communautaire légale à une rébellion nationale

Au tout début, la « révolte des banyamulenge » s'exprima par la lettre du 10 juillet 1995 adressée au Président de la République **(A)**, puis par la formation de l'Alliance Démocratique du Peuple, transformée en Alliance des Forces Démocratiques pour la Libération **(B)**

A Lettre du 10 juillet 1995 adressée au Président de la République[47]

Réagissant aussitôt à la *mise en danger officielle* de leur communauté par le rapport de la « commission Vangu », des notabilités congolaises d'origine *tutsi*, s'inscrivant dans la légalité institutionnelle, adressèrent au Président de la République (monsieur Mobutu) une lettre de protestation, datée du 10 juillet 1995. Sur base d'une sélection des archives coloniales, ils s'y opposaient principalement à une réécriture de l'histoire du peuplement précolonial du territoire national, y niant toute *présence rwandophone*, qu'ils s'efforcèrent de prouver, pour établir qu'ils sont bien zaïrois d'origine, suivant le critère d'ascendance tribal légal et constitutionnel, et non des « réfugiés et immigrés rwandais.»

En effet, nous pouvons lire aux paragraphes 6 à 9 de la lettre en question :

> « Le 26 mai 1981, lors d'une session du Comité Central de l'ancien Parti-État, vous avez proclamé l'urgence et la nécessité de savoir "qui au Zaïre est Zaïrois et qui ne l'est pas" et vous aviez raison. Mais depuis lors, cette interrogation n'a cessé d'alimenter une controverse malheureuse qui empoisonne les relations interethniques au Kivu. Parce qu'à une question présidentielle pertinente, des politiciens immatures ont voulu réserver une réponse absurde. Qui est Zaïrois et qui ne l'est pas.
>
> Lorsque la naissance de l'État Indépendant du Congo fut annoncée le 1er août 1885, il apparut que certaines de ses limites étaient déjà connues et reconnues. Il va de soi que, déjà à ce moment là,

[47]Tel que publiée par le Journal *Le Fax*, n°24 du 18 au 22 novembre 1995.

pouvaient être considérés comme Zaïroises les populations englobées dans ces limites là, même si, dans la plupart des cas, elles avaient été tracées à leur insu ou contre leur gré. C'est pourquoi les dispositions légales ont retenu comme référence originelle de législation sur la nationalité zaïroise la date du 1er août 1885.

Mais l'histoire nous apprend aussi qu'à la même date d'autres frontières de l'EIC étaient tout à fait théoriques, car ni connues ni reconnues. C'est le cas de celles du Kivu qui n'allaient l'être qu'aux termes de la Convention de Bruxelles du 14 mai 1910. Il est évident que c'est seulement à cette date que les populations établies à demeure au Kivu sont devenues véritablement et indistinctement zaïroises.

C'est pour cette raison que les dispositions légales sur la nationalité zaïroise d'origine par appartenance ont également retenu les dates des conventions subséquentes au 1er août 1885 comme référence originelle.

Par conséquent, le seul problème est celui de savoir si, en l'occurrence, nos communautés sont concernées par cette convention du 14 mai 1910 et que c'est à juste titre qu'elles prétendent à la nationalité zaïroise d'origine par appartenance.

A cette préoccupation, nous répondons "oui" sans l'ombre d'une hésitation. Pour s'en convaincre, il suffirait aux instances supérieures du pays, soucieuses de faire éclater la vérité, de mettre sur pied une commission technique composée de juristes et d'historiens chevronnés. Grâce à une abondante littérature ethnohistorique et aux archives coloniales ou missionnaires disponibles sur le sujet, une telle commission ne tarderait pas à faire la démonstration de la justesse et de la légitimité de notre prétention et par là même de la mauvaise foi ou de l'incompétence des membres de la Commission Vangu.

À titre d'exemple : au début du siècle, lorsqu'administrateurs coloniaux et missionnaires catholiques se sont installés dans le territoire de Rutshuru (dont Nyragongo et Goma faisaient partie jusqu'en 1953), ils ont trouvé des populations dont ils nous ont laissé une description bien précise. Elle ne laisse aucune ambiguïté quant à leur appartenance ethnique.

Ainsi, Monsieur Nyblom, chef de zone au poste d'État de Rutshuru, note en date du 12 mars 1911 que : "peu d'indigènes connaissent la langue kiswahili, la langue parlée dans la région est la "kiniaruanda" (sic)" (archives diocèse de Goma).

> Pour sa part, le Père Albert Smulders, fondateur de la Mission catholique de Rugari, la première à avoir été fondée au Nord-Kivu, le 06 juin 1911, fait rapport à son Evêque, Mgr Roelens résidant à Baudouinville en ces termes : "la population renferme des Watutsi et Wahutu. Les Watutsi sont en minorité et ne jouent pas ici le grand rôle politique qu'ils jouent au Rwanda." (cfr. rapport annuel du 20 novembre 1911.)
>
> Concernant la frontière zaïro-burundaise, Mgr Roelens relate les faits suivants dont il fut averti à Baudouinville où il résidait et dont il avait fondé la Mission catholique en 1893 : « C'était en 1895. Le Baron Von Goëtzen avait découvert le Lac Kivu et ne tarissait pas d'éloges sur la contrée et sa nombreuse population. Cette année là, les agents de l'EIC tentèrent de pénétrer jusqu'au Kivu en vue d'occuper le pays. Vers le milieu de la plaine de la Ruzizi (déversoir des eaux du lac Kivu dans le Tanganyika), ils se heurtèrent à une fraction des Barundis établis en cet endroit. Ils durent faire usage de leurs armes et bon nombre de Noirs restèrent sur le champ de bataille. Devant l'impossibilité d'occuper la région sans grande effusion de sang, les agents de l'État y renoncèrent provisoirement, espérant d'entrer en relation pacifique avec les indigènes (cfr. Mgr Roelens, Notre vieux Congo, 1891-1917, vol. I, p. 57).»

Puis, ils y évoquèrent une métaphore du Président Mobutu, faite lors d'une audience leur accordée en 1993 et démontrant que pour lui, tous les habitants de la Colonie avaient droit à la nationalité congolaise d'origine :

> « Souvenez-vous, Monsieur le Président. Au mois d'août 1993, lors d'une audience que vous aviez bien voulu accorder aux représentants des communautés ethniques à Goma, vous avez évoqué la question de la nationalité zaïroise d'origine par appartenance à l'aide d'une métaphore exceptionnellement éloquente tant elle était marquée au coin du bon sens le plus élémentaire. À supposer, disiez-vous, qu'un baptême général soit programmé dans telle paroisse, tel jour à 12h00' et que la fermeture des portes doive intervenir à 11h50'. Parmi les catéchumènes, certains sont arrivés à la paroisse dès 6h00' du matin, d'autres à 10h00', et d'autres encore à 11h45'. Aussitôt le baptême donné, quelqu'un peut-il raisonnablement que seul celui de nouveaux chrétiens arrivés dès 6h00' est valide et que celui de tous les autres est douteux ou nul ? Évidemment non. Ainsi, expliquiez-vous, sous le régime colonial,

tous les Zaïrois étaient comme des catéchumènes attendant le baptême, c'est-à-dire l'indépendance.

Proclamée le 30 juin 1960, c'est elle qui a donné naissance à la nationalité zaïroise à laquelle tous les Zaïrois ont accédé en même temps et dans les mêmes conditions.

Par Zaïrois, il faut entendre quiconque possédait le statut de Congolais à la date du 30 juin 1960, dès lors que ce statut lui était reconnu aussi bien par l'administration publique que par la population administrée, que de notoriété publique il se comportait en tant que tel et qu'il ne possédait aucune autre nationalité. C'est clair, c'est net. »

En réaction à cette lettre, qui fit mouche au sein de la communauté internationale, les autorités congolaises procédèrent, en septembre 1995, à l'arrestation de certains de signataires pour subversion. Cette arrestation provoqua un affrontement entre les milices *Bafulero*, se revendiquant d'Anzuluni Bembe, vice-président du HCR-PT, et les forces d'autodéfenses constituées par les populations *Banyamulenge*.

B La formation de l'Alliance Démocratique du Peuple transformée en Alliance des Forces Démocratiques pour la Libération

Acculée à la rébellion par les institutions instrumentalisées à des fins criminelles, la « révolte des Banyamulenge » allait s'inscrire, par un concours de circonstances au plan locale, national et sous-régionale, dans une large dynamique de changement de régime politique en RDC ; et elle y perdit ainsi son principe de base, c'est-à-dire l'exigence d'une règle de nationalité juste et rationnelle, et ce, au profit des ambitions personnelles de ses leaders.

Au plan local, l'épuration ethnique officialisée priva d'avenir professionnel et scolaire les jeunes rwandophones, les marginalisa, et les accula au désespoir, de manière à en faire du *matériel humain disponible* pour une rébellion armée ; au plan national, l'opposition démocratique était essoufflée face à la violence systémique du régime de Mobutu, et n'aurait pas boudé une appui militaire extérieur pour en finir avec ce dernier; au plan sous-régional, le gouvernement zaïrois était entrain de perdre la maîtrise de son territoire, au profit des forces rebelles angolaises, ougandaises, burundaises, et surtout des forces génocidaires rwandaises, qui s'y réorganisaient dans les camps des réfugiés *hutu*. L'angoisse sécuritaire qui, en conséquence, gagna la sous-région légitima le droit de suite du nouveau gouvernement rwandais, pour démanteler les forces génocidaires et rapatrier les réfugiés.

Dans ce concours de circonstances historiques, des leaders banyamulenge créèrent, en septembre 1996, *l'Alliance Démocratique du Peuple* (ADP) pour faire échec à la mise en œuvre des recommandations de la « Commission Vangu » du HCR-PT, ainsi qu'à la criminalisation subséquente de la puissance publique contre leurs biens et leurs vies. Ils sollicitèrent l'appui logistique du FPR qui objecta, en soulignant le danger de soutenir un mouvement ethnique : un tel soutien risquerait de susciter une large coalition des tribus hostiles *kivusiennes*, incluant les *hutu interahamwe*, contre les tutsi. Les officiels du FPR soulignèrent par contre la nécessité et l'utilité d'élargir le mouvement à toute l'opposition congolaise pour le renversement du régime de Mobutu, et créer les conditions d'un nouveau pacte social démocratique, espéré par la Communauté internationale. C'est dans cette perspective de changement de régime en RDC que fut créée, en octobre 1996, l'Alliance des Forces Démocratiques pour la Libération (AFDL), qui renversa le régime de Mobutu en septembre 1997, et s'empara du pouvoir, sans pourtant libérer le processus démocratique : elle se réduisit à un projet de confiscation du pouvoir au profit de ses leaders, qui dériva en août 1998 en une lutte des factions qui se neutralisèrent. La communauté internationale parvint toute fois à les rassembler et à les réengager au forceps dans un laborieux processus démocratique, dont le programme fut négocié au Dialogue Inter-congolais de Sun-city, en 2002-2003, qui déboucha sur les élections générales de 2006.

Au final, le Rwanda obtint le démantèlement des forces génocidaires (réorganisées depuis en FDLR) à ses frontières, la communauté internationale et l'opposition politique congolaise obtinrent un réengagement de la RDC dans un laborieux processus de normalisation de la vie politique, tandis que la question de la nationalité, à la base de la « révolte des Banyamulenge », fut carrément passée par perte et profit, de sorte que son règlement se réduisit à la cooptation de ses leaders dans les institutions politiques et à une réforme en trompe l'œil de la loi sur la nationalité de 1981. Nous allons le démontrer sous peu.

1.7.2 Mise en échec idéologique et politique

Récupérée politiquement pour réaliser des objectifs plus globaux à l'échelle sous-régionale et nationale, la « révolte de Banyamulenge » connut une mise en échec idéologique **(A)** et politique **(B)**

A Mise en échec idéologique

Idéologiquement, la « révolte des Banyamulenge » devrait déboucher sur une réforme du critère légal de la reconnaissance du droit à la nationalité congolaise d'origine, abolissant celui d'épuration tribale ; mais ses leaders se placèrent sur le même terrain passéiste que la « Commission Vangu » du HCR-PT, et sur la même règle d'épuration tribale du patrimoine humain national utilisée contre eux, pour y rechercher laborieusement des arguments de leur riposte.

Par sa métaphore citée ci-avant, la Président Mobutu offrit pourtant à la « révolte des Banyamulenge » une juste perspective idéologique, profilée par la recommandation du rapport final des travaux de la CNS sur la question de nationalité (sus-évoquée), ainsi que par les travaux de la Commission du droit international de l'ONU relatifs au *projet d'articles sur la nationalité en relation avec la succession d'États*, sus-évoqués et initiés en décembre 1993 à la demande de l'Assemblée générale de l'ONU[48]. Cette métaphore est un remarquable instant de sagesse et de lucidité au sommet de l'État, par rapport à la question de nationalité : le Président Mobutu s'y départit de la loi sur la

[48]Résolution 48/31 du 9 décembre 1993, paragraphe 7, évoquée ci-avant, Chap I, II, 1

nationalité de 1981 qui, se fondant sur une mémoire étriquée du peuplement précolonial du territoire national et sur le mythe d'une *nation zaïroise ancestrale*, fonde la reconnaissance de la nationalité zaïroise d'origine sur un critère d'ascendance tribale précolonial ; et il se réfère judicieusement à l'évolution coloniale de son peuplement, pour suggérer un autre critère plus vrais et plus rationnel : le *droit de cité colonial*, tel que reconnu à tous les indigènes établis au du Congo belge.

Cependant, habile politicien en mal de légitimité populaire, le président Mobutu se garda bien d'intervenir pour faire initier une réforme de la loi sur la nationalité zaïroise de 1981, conformément à sa métaphore : la rwandophobie suscitée par le rapport de la « Commission Vangu » du HCR-PT forma, dans les Kivu, un fort potentiel électoral sur, lequel il se mit à miser certainement en cas d'élection, et qu'il ne fallait pas contrarier. Quant aux leaders banyamulenge, la surenchère nationaliste à laquelle se livrèrent les politiciens congolais de tout bord est telle qu'ils ne pouvaient jamais oser initier une telle réforme légale sans être stigmatisés davantage ; ils furent donc obligés de se limiter à prouver historiquement leur ascendance tribale précoloniale, dans le cadre de la loi sur la nationalité de 1981.Dans la droite ligne de leur lettre sus-évoquée, adressée au Président Mobutu, ils finirent par inscrire leur révolte dans une double perspective ambivalente : d'un côté, sur base d'une sorte de *contre expertise historique* des archives coloniales, ils voulaient se justifier par rapport au critère d'épuration tribale de la loi sur la nationalité de 1981, en démontrant qu'ils constituent une tribu congolaise autochtone ou précoloniale, et qu'ils sont bien zaïrois d'origine par ascendance tribale précoloniale ; d'un autre côté, ils se fondaient sur la métaphore de Mobutu sus-évoquée, pour dire que dans tous les cas, ils ont droit à la nationalité zaïroise d'origine.

Prise dans ce piège idéologique, la « révolte des Banyamulenge » en resta à se justifier par rapport au même critère légal d'épuration ethnique ou tribale du patrimoine humain national, à la base des recommandations de la « Commission Vangu » du HCR-PT. Quitte à contribuer à son maintien après la guerre et, partant, à la persistance de la controverse sur la nationalité visant çà et là telle ou telle autre catégorie ethnique du patrimoine humain national. La loi sur la nationalité et la Constitution régissant la RDC post-conflit refondent en effet le droit à la nationalité congolaise d'origine sur le même critère ethnique épuratoire et discriminatoire.

B Mise en échec politique

Politiquement, la « révolte des Banyamulenge » devrait obliger la classe politique à assainir le discours politique et officiel, fortement pollué par la haine ethnique ou tribale, en incriminant toute stigmatisation ethno-xénophobe, comme technique de mobilisation électorale. Mais son inscription dans un projet sous-régional et national de changement de régime, impliqua son instrumentalisation pour des objectifs politiques plus généraux et des ambitions politiciennes contradictoires, occultant son objectif politique initial.

La récupération sous-régionale et nationale de la « révolte des Banyamulenge » impliqua la guerre de 1996-1997, menée contre le régime de Mobutu dans le cadre de l'AFDL, et celle de 1998-2003, menée contre le régime de Laurent-Désiré Kabila dans le cadre du Rassemblement congolais pour la démocratie (RCD). Dans tous ces deux cas, des politiciens d'origine tutsi, projetés à l'avant plan, se voulurent porteurs des reformes démocratiques exigées tant par la communauté internationale que par l'opposition et la société civile congolaises ; de sorte qu'agissant dans bien de cas plus par ambitions personnelles, ils se déconnectèrent de la revendication initiale de leur communauté locale. Les deux régimes mis à l'épreuve, étant à forte tendance autocratique et en quête de racines populaires, opposèrent aux deux mouvements rebelles un narratif officiel inspiré des prédictions du rapport de la « commission Vangu » et en forme de *prophétie auto-réalisatrice* : la « révolte de Banyamulenge » devint comme une confirmation de la félonie des populations rwandophones, œuvrant comme cinquième colonne d'un projet de « balkanisation » et d'occupation de la RDC, porté par les gouvernements rwandais, burundais et ougandais. Les gouvernements de Kabila et Mobutu y virent ainsi une opportunité de se construire une légitimité populaire, induite par la phobie et la haine collectives suscitées.

Durant le processus démocratique du Dialogue Inter-congolais, initié pour résorber les causes de deux guerres, l'organisation des élections générales s'était imposée comme un objectif prioritaire post-conflit, de sorte que l'effervescence préélectorale avait vite pris le pas sur la réflexion politique requise pour la refondation de l'État. Nul n'osa, dans ce contexte, une réforme judicieuse de la loi sur la nationalité, au risque de s'aliéner une bonne partie de l'électorat résolument ancrée dans une rwandophobie exacerbée par une campagne de diabolisation et de criminalisation de la révolte des « banyamulenge, assimilée à une tentative d'occupation étrangère du territoire national. Reformer la loi sur la nationalité de 1981 revenait par ailleurs à priver les politiciens « autochtones » du Nord-Kivu et des Hauts-plateaux du Sud-Kivu de la base légale de contestation de la nationalité et d'exclusion de leurs adversaires rwandophones. Ayant investi en grand nombre les institutions de la transition, ils veillèrent farouchement à la préservation de cette sorte *d'avantage comparatif électoral* fournie par la loi.

Plus tard, au terme d'un processus démocratique, mené malgré tout au forceps par la communauté internationale et grâce aux deux guerres, la criminalisation de la « révolte des banyamulenge » s'enrichit des insinuations tendancieuses et hors contexte des rapports des organismes internationaux sur les causes et les conséquences de la guerre, vulgarisées pour construire toute une idéologie de la haine. Ainsi que nous le démontrons ci-dessous, ces rapports, ou mieux leur interprétation, servent au recyclage post-conflit de la rwandophobie diffusée par le rapport de la « Commission Vangu » du HCR-PT, et à une campagne de son *institutionnalisation* à travers un processus post-conflit de *Vérité, Justice et Réconciliation*, envisagé d'une façon complètement dévoyée.

Telle que recyclée, la rwandophobie devint un ingrédient idéologique essentiel de la surenchère nationaliste, à laquelle se réduit aujourd'hui le contenu général du discours politique en RDC. Ce qui installa durablement les Kivu dans la violence ethnique sur fond de la contestation du droit à la nationalité des populations rwandophones. Dès 2006, l'aboutissement du processus démocratique par les élections générales manqua son objectif de réconciliation nationale, et fut vécu à l'Est du pays comme une mise en échec démocratique de la « révolte des banyamulenge ». Le rétablissement de l'autorité de l'État y est ainsi revendiqué sur fond d'un rappel des recommandations du rapport de la « commission de Vangu », et de la remobilisation des milices tribales impliquées dans l'épuration ethnique de 1993-1996. Ces dernières mènent à ce jour, dans les hauts-plateaux du Sud-Kivu, une violente campagne dite de « déracinement » des populations tutsi.

Dans le chef des populations rwandophones, il en résulta la persistance d'un sentiment d'insécurité, sur lequel devrait se construire la rébellion du CNDP[49]et son avatar du M23. Au-delà des apparences, ces deux mouvements plongeaient leurs racines dans les appréhensions de ces populations, par rapport à un processus démocratique qui n'avait pas résorbé la question de remise en cause de leur nationalité congolaise d'origine ; ainsi que l'a illustré, jusqu'à la caricature, le tollé officiel et public créé par l'annonce de l'érection en *Commune* de l'agglomération de Minembwe, majoritairement constituée des tutsi.

Cette stigmatisation officielle des populations tutsi est symptomatique d'un climat sociopolitique généralement rwandophobe, où ils sont mis dans l'impossibilité d'exercer leur droit de circuler et de s'installer librement sur toute l'étendue du territoire national, et ce, malgré la cooptation, au sein des institutions nationales, des politiciens issus de leur communauté.

---

[49]Sigle du Congrès national pour la défense du peuple, mouvement rebelle créé par Laurent Nkunda ne août 2017, en réaction de l'annonce du Gouvernement d'abandonner la traque des FDLR, avatars des forces génocidaires rwandaises s'attaquant aux tutsi dans les Kivu, et revendiquant une protection de ces derniers contre une campagne de stigmatisation officielle.

2 Sous le régime issu du Dialogue Inter-Congolais

Durant le Dialogue Intercongolais (DIC[50]), il fut noté des velléités contrariées d'abolition de la règle d'épuration tribale du patrimoine humain national **(2.1)**, mais qui débouchèrent sur une réforme en trompe-l'œil de son critère de reconnaissance de la nationalité congolaise d'origine **(2.2)**

2.1 Velléités contrariées d'abolition de la règle d'épuration tribale du patrimoine humain national

Lors de la préparation et du déroulement du DIC, la règle d'épuration tribale du patrimoine humain national, bien qu'au cœur du conflit, ne fit l'objet que de velléités d'abolition exprimées par des appels à l'inscription de la question de nationalité à l'agenda prioritaire, **(2.1.1)**, et cependant contrariées par l'intérêt politicien de la majorité des participants de maintenir le statu quo **(2.1.2)**.

2.1.1 Appels d'inscription de la question de nationalité à l'agenda prioritaire du DIC

Pour résoudre la crise congolaise causée par les deux guerres en question et relancer le processus démocratique, se tint, du 25 février au 12 avril 2002, le DIC qui réunit, à Sun City en Afrique du Sud, toute la classe politique et la société civile. La question de la nationalité ayant été la cause immédiate du basculement de la RDC dans la violence politico-ethnique des Grands-Lacs, sa résolution y était prioritairement attendue, dans le sens d'inscrire le pays dans l'ère du temps, marqué par la réflexion en cours au sein de l'ONU sur une définition humaniste de la nationalité en cas de succession d'État[51].

En effet, lorsque se mit en place le dispositif du DIC, les appels sur le règlement prioritaire de la question de nationalité

[50]Forum national convoqué en 1999 et tenu en 2002, à Sun-City en Afrique du Sud, pour mettre fin à la Guerre des Grands, enclenchée par la « révolte des banyamulenge », et pour relancer le processus démocratique en RDC.
[51] Voir ci-avant Chap I, II, 1

furent justifiés par le fait que, dans un climat général de délitement du pouvoir d'État, l'application de la règle d'épuration tribale du patrimoine national dans les provinces du Kivu ont fait de ces dernières l'*épicentre* de la violence politique qui a accéléra la chute des régimes de Mobutu et de L.D Kabila ; alors que cette règle elle-même en constitue l'*hypocentre*, qui hypothéquera toujours la stabilité politique de la RDC. Ainsi, les attentes générales par rapport au règlement de la question de nationalité furent mieux exprimées par *Crisis Groupe*, dans son *Rapport Afrique* du 16 novembre 2001, en ces termes : « Le dialogue inter-congolais doit se donner comme objectif prioritaire la fin de la guerre et la reconstruction des institutions nationales. La discrimination contre les communautés rwandophones du Kivu notamment, le poison semé par Mobutu pour diviser et régner, est une autre question à régler en priorité. La résolution du conflit passera nécessairement par la réconciliation des populations du Kivu, la fin définitive de la remise en cause de la nationalité des populations rwandophones du Congo et l'établissement de garanties institutionnelles et politiques pour la sécurité des minorités sur l'ensemble du territoire[52]. »

Par rapport à cette attente générale, le DIC devrait résulter en un engagement ferme et solennel de toute la classe politique de bannir du discours politique la stigmatisation ethnique, notamment contre les populations rwandophones et autres minorités ethniques à travers le territoire national. En termes de « *garanties institutionnelles et politiques* » de cet engagement, les participants au DIC devraient engager la RDC à reformer sa loi sur la nationalité en redéfinissant le droit de nationalité congolaise d'origine sur base des critères modernes, le mettant à l'abri de toute interprétation et utilisation discriminatoires contre des catégories ethniques de son patrimoine humain historique. Ils devraient, à cet effet, considérer la résolution 55/153 de l'Assemble générale de l'ONU du 12 décembre 2000, qui invite les gouvernements à tenir compte des dispositions figurant dans le *projet d'articles de la Commission du Droit international sur la*

---

[52]Crisis Groupe, *Le Dialogue inter-congolais: Poker menteur ou négociation politique*? , ICG Rapport Afrique N° 37, 16 novembre 2001, p. II

Nationalité des Personnes physiques en relation avec la succession d'États, de la CDI[53].

Cependant, tous les participants au DIC étaient en général moins préoccupés par la résolution de la crise politique de la RDC, que par le souci égoïste d'échapper chacun à ses conséquences socio-économiques via l'accès aux avantages d'un poste au sein du nouvel ordre politico-institutionnel, devant être mis en place. De niveau éthique, culturel et intellectuel généralement médiocre, ils n'étaient pas au courant des évolutions de la conscience politique universelle sur la nationalité, et ils ne pouvaient en intérioriser les injonctions pour restaurer la stabilité politique et la paix sociale dans leur pays.

2.1.2 Intérêt politicien de la majorité des participants de maintenir le statu quo

Lorsque s'ouvrirent les travaux du DIC, les calculs politiciens prirent aussitôt le pas sur la réflexion politique, dans la perspective des élections générales à laquelle se réduisit la finalité du processus politique enclenché ; et sous un narratif complotiste de la guerre, s'était formé dans les Kivu un profond ressentiment rwandophobe convertible en un considérable stock de suffrages électoraux, sur lequel tous les politiciens misaient. Il s'imposa alors une sorte de consensus pour faire l'impasse sur une résolution franche et rationnelle de la question de nationalité.

Pour les participants représentant le gouvernement Kabila, « l'opposition armée » et « l'opposition non armée », l'enjeu primordial fut de participer au pouvoir d'État durant la transition et de s'y maintenir durablement après les élections générales prévues. Entre eux se dressaient les redoutables *maï maï*, milices tribales impliquées dans l'épuration ethnique rwandophobe consécutive aux recommandations de la « commission Vangu » du HCR-PT, et qui ont gagné dans l'opinion publique locale le statut de « résistants » contre la « l'occupation rwando-ougandaise » ; ils étaient, de ce fait, dépositaires d'une réelle

53 Voir ci-avant Chap I, II, 1

légitimité populaire dans les Kivu. Rallier ce leadership local est une nécessité pour Joseph Kabila et tous ceux qui parient sur lui pour les élections générales ; tandis que pour les autres forces politiques de l'opposition, il n'y avait aucun avantage électoral à le contredire ouvertement sur son exigence haineuse de maintien du statu quo sur la question de nationalité.

Ainsi, le Président Kabila confia la direction de la commission gouvernementale de préparation du DIC à des personnalités originaires du Kivu, qui vont réussir la *capture idéologique* de la partie gouvernementale à ce forum. Sur la question de nationalité, cette dernière entreprit ainsi de réactualiser le contenu du rapport de la « Commission Vangu » du HCR-PT, par une revisitation sélective et assez complaisante des archives coloniales sur le peuplement précolonial de la RDC, en vue d'y démontrer l'absence des groupes ethniques rwandophones ; elle s'opposa, en conséquence, à toute abolition de la règle d'épuration tribale du patrimoine humain national, et à toute reconnaissance du droit à la nationalité congolaise d'origine des tutsi ou des banyamulenge[54].

Quand au Mouvement Pour la Libération du Congo (MLC) de Jean Pierre Bemba, en prévision de sa reconversion en force politique d'envergure nationale, il s'ouvrit aux anciens barons du régime déchu de Mobutu, qui quittèrent le très impopulaire et moins électoralement rentable RCD-Goma. Ils levèrent démagogiquement l'option de contester la nationalité des tutsi[55] à la réunion préparatoire du DIC, du mois d'aout 2001 à Gaberon (Botswana).Quand à « l'opposition politique non armée » et la société civile, leur agenda se limitait à la normalisation et à la démilitarisation de la vie politique, en vue de la relance du processus démocratique.

Dans cette juxtaposition d'agendas politiciens, sur fond d'un processus démocratique superficiellement axé sur des objectifs généraux, la question de nationalité apparaissait comme un détail ne concernant que le RCD-Goma, dont le leadership se réduisit à ses éléments *tutsi* ; de sorte qu'elle finit par se confon-

---

[54]Crisis Groupe, op.cit, p.13
[55]Crisis Groupe, op.cit, p 5

dre avec les droits individuels des politiciens *tutsi* de participer à la vie publique ; et ces derniers n'y insisteront pas une fois ces droits assurés. Il en résultera une reforme en trompe l'œil du critère constitutionnel et légal de reconnaissance de la nationalité congolaise d'origine, à travers des apparences inclusives ayant en contrepoint un nouvel élément discriminatoire : la *propriété foncière ancestrale*. Nous l'expliquons ci-dessous.

2.2 Reforme en trompe l'œil du critère légal de reconnaissance de la nationalité congolaise d'origine

Au terme du DIC, le critère légal de reconnaissance de la nationalité congolaise d'origine subit une réforme en trompe l'œil par des apparences d'inclusivité **(2.2.1)**, assorties cependant d'un nouvel élément à potentiel discriminatoire **(2.2.2)**

2.2.1 Apparences d'inclusivité

Pour un critère de reconnaissance de la nationalité congolaise d'origine plus inclusif, le DIC opta pour une catégorisation ethnique et socioculturelle du patrimoine humain national **(A)**, en prenant en compte les évolutions du peuplement du territoire national durant la colonisation **(B)**

A Catégorisation ethnique et socioculturelle du patrimoine humain national

Au titre de réconciliation nationale, le DIC opta pour la catégorisation ethnique ou simplement socioculturelle du patrimoine humain national, jugée plus inclusive que la catégorisation tribale suivant la loi sur la nationalité de 1981 ; de sorte que le critère légal de reconnaissance de la nationalité congolaise d'origine est actuellement l'appartenance ethnique et non l'ascendance tribale précoloniale consacrée par cette loi.

En effet, suivant la résolution n°DIC/CPR/03 du DIC, « tous les groupes ethniques dont les personnes et le territoire constituaient ce qui est devenu le Congo (présentement la République Démocratique du Congo) à l'indépendance, doivent bénéficier de l'égalité des droits et de la protection aux termes de la loi en tant que citoyens ».Cette résolution est reprise in extenso à l'article 14 de la Constitution de transition du 04 avril 2003, qui ajoute aux « groupes ethniques » les « nationalités » ; de sorte que la loi n°04/024 du 12 novembre 2004 relative à la nationalité congolaise stipule à son article 6 : « Est Congolais d'origine, toute personne appartenant aux groupes ethniques et nationalités, dont les personnes et le territoire constituaient ce qui est devenu le Congo (présentement la République Démocratique du Congo) à l'indépendance.»

Contrairement à l'article 4 (sus-évoqué) de la loi sur la nationalité zaïroise de 1981, qui catégorisait le patrimoine humain national en tribus formant le peuplement précolonial du territoire national, la nouvelle loi opte pour sa catégorisation en « groupes ethniques » et « nationalités ». Cette option légale a l'avantage sociopolitique de soustraire la loi sur la nationalité à toute utilisation politicienne aux fins de stigmatisation et d'épuration tribales, telle que permise par la manipulation du concept de tribu. Ce dernier signifie, en effet, un groupement homogène et autonome au point de vue politique et social, et occupant un territoire qui lui est propre ; une tribu se caractérise ainsi principalement par une *direction politique formelle* et par une *souveraineté ou propriété territoriale coutumière*. C'est sur la manipulation du concept de tribu ainsi caractérisé que :

- s'est construit le discours de stigmatisation des congolais d'ascendance précoloniale angolaise dits les « *Bazombos* » qui, bien qu'établis sur le territoire national depuis le 16ièmesiècle, ne se sont jamais approprié une terre pour s'y organiser politiquement[56].
- s'est fondée la stigmatisation légale des individus issus de la catégorie coloniale de « ressortissants du Ruanda-Urundi », par la contestation de leur *propriété ancestrale* sur les terres de Masisi, leur attribuées dans le cadre de la colonisation ;

---

[56]Comme les *Bayeke*, venus de l'actuelle Tanzanie, bien plus tard aux 19ième siècle, et établis sur des terres de l'actuelle province du Haut-Katanga, où ils se sont dotés d'une organisation politique

- s'est toujours fondée l'épuration ethnique contre les populations *rwandophones* des Kivu, qui avaient perdu la souveraineté sur leurs terres ancestrales et leur autonomie politique, du fait de leur dilution dans des *chefferies indigènes* constituées par le pouvoir colonial.

Ainsi, en optant pour « groupes ethniques » et « nationalités », les participants au DIC entendaient expurger la règle de reconnaissance de la nationalité congolaise d'origine, en y élaguant les caractéristiques discriminatoires et à potentiel épuratoire de concept de tribu. Les termes «groupe ethnique » signifie en effet « une communauté humaine stable, intergénérationnelle, historiquement constituée sur un territoire donné, possédant en commun des traits culturels (langue, ..) et psychiques singuliers, mais aussi consciente de son unité et de sa différence par rapport à d'autres[57] » ; et la loi n'ayant pas défini le terme « nationalités » et n'entendant certainement pas rétrocéder le droit d'option de la nationalité congolaise aux *habitants* étrangers du Congo belge, ce terme n'est pas à prendre dans sa signification politique d'appartenance à un État, mais plutôt en son sens sociologique et culturel ; il signifie ainsi des communautés ou des regroupements de populations sur un territoire plus ou moins défini, qui partagent des caractéristiques objectives (langues, religion, culture, histoire).

Ainsi compris, les concepts « groupes ethniques » et « nationalités » permettent d'appréhender toutes les catégories socioculturelles du patrimoine humain national par des éléments de définition permanents et intergénérationnels (identité socioculturelle), et non des éléments contingents (souveraineté territoriale et direction politique), soumis aux aléas du processus historique d'établissement de la souveraineté territoriale de l'État moderne et de son exercice.

---

[57] FILIPPOVA Elena, *De L'ethnographie à l'ethnologie : Changer de nom ou changer de paradigme* ?, 1989-2008, éd. *L'homme*, Québec, 2010, p.41-56.

B Prise en compte de l'évolution du peuplement durant la colonisation

Contrairement à la loi sur nationalité zaïroise de 1981 déduisant la nationalité d'origine du peuplement précolonial du territoire national, la nouvelle loi sur la nationalité tient compte de l'évolution historique de ce peuplement sous la colonisation, de manière à définir la nationalité d'origine par rapport à l'appartenance à ce peuplement, pris dans composition à la date du 30 juin 1960.

Ainsi que nous l'avons expliqué ci-avant[58], la loi sur la nationalité zaïroise de 1981 faisait échos à une politique passéiste dite de *recours à l'authenticité*, célébrant le mythe d'une nation ancestrale précoloniale, de sorte que la nationalité zaïroise d'origine procédait de l'appartenance à cette dernière. Cette option légale passéiste et mythologique avait induit un nationalisme fondé sur l'exaltation d'un droit d'autochtonie tribal exclusif de catégories ethniques considérées çà et là comme allogènes[59], ou dont la présence sur le territoire national procédait la géopolitique coloniale[60]. La violence ethno-xénophobe qui en résulta dans les provinces du Kivu rappela l'urgence et la nécessité d'une règle de nationalité procédant d'une source matérielle objective, rationnelle et pratique pour son application inclusive et stabilisatrice.

C'est pourquoi, pour définir les Congolais d'origine ou la souche primitive de la nation congolaise, la nouvelle loi sur la nationalité s'inscrit dans le peuplement du Congo belge, pris au stade de son évolution ethnographique et dans toutes ses sé-

---

[58] Chap I, II, 2

[59] Nous avons évoqué ci-avant les cas des *Bazombos* et *Banyamulenge*, et nous pouvons y ajouter celui des *alur,* groupe ethnique nilotique constituée à cheval entre le nord-est de la RDC et le nord-ouest de l'Ouganda,

[60]Nous avons évoqué ci-avant les cas des populations rwandophones, autochtones de Rutshuru et de Goma, ainsi que des ex ressortissants du Ruanda Urundi, présents sur le territoire national, ceux là du fait la convention de 1910 sur la frontière du Congo-Belge entre la Belgique et l'Allemagne, et ceux-là du fait de l'immigration organisée dans le cadre de la Mission d'Immigration des Banyarwanda

quences historiques de formation, jusqu' à la date de l'indépendance.

2.2.2 Nouvel élément à potentiel discriminatoire

Tout en se voulant inclusif de toute la population du Congo belge, prise dans sa diversité ethnique et socioculturelle au moment de l'indépendance, la nouvelle loi sur la nationalité est cependant formulée telle qu'il est possible d'en déduire deux éléments à potentiel discriminatoire : la *propriété ou la possession foncière ethnique.*

Contrairement à la loi sur la nationalité zaïroise de 1981, qui catégorisait la nation en *tribus établies sur le territoire de la République du Zaïre,* la loi sur la nationalité congolaise la catégorise en « groupes ethniques et nationalités *dont les personnes et le territoire constituaient ce qui est devenu le Congo (présentement la République Démocratique du Congo) à l'indépendance* ». Grammaticalement, la nuance dans la qualification du rapport au territoire est importante : dans les premier cas, les tribus *sont établies sur le territoire de l'État*, mais délestées de toute *propriété ancestrale* ; dans le deuxième cas, le pronom relatif « dont » exprimant soit la possession du territoire par les groupes ethniques visés ou simplement l'élément constitutif de leur définition, il peut s'en déduire l'idée que la loi vise ceux qui jouissent d'une *propriété ou possession foncière coutumière*, et qui auraient constitué la RDC par une sorte d'*apports fonciers*.

Une telle idée réintroduit dans la loi sur la nationalité congolaise un critère discriminatoire au détriment des groupes ethniques n'ayant jamais disposé d'une propriété foncière ancestrale[61], ou ayant perdu ce droit durant le processus de réorganisation des « terres indigènes » en *chefferies indigènes* par le pouvoir colonial ; et elle est comme telle sous-jacente dans l'épuration ethnique rwandophobe en cours dans les hauts plateaux du Sud-Kivu et en Ituri, où elle sert de support idéologique à la

[61]Principalement les congolais d'ascendance précoloniale angolaise, dits les « bazombo »

reproduction des « groupes armés nationalistes » dits « maï-maï», qui écument tout l'Est du pays pour épurer le patrimoine humain national des individus catégorisés dans l'opinion publique comme « groupes ethniques sans terres », donc « étrangers » en vertu de la loi.

III TROISIEME REPUBLIQUE : idéologisation rwandophobe de l'épuration ethnique du patrimoine humain national

En contrepoint des apparences d'inclusivité de la nouvelle loi sur la nationalité, la rwandophobie persistante et électoralement rentable inspire une idéologisation de l'épuration ethnique du patrimoine humain national fondée sur un stratagème de pollution mémorielle haineuse **(1)**, caractérisée par les prémices d'une nouvelle vague d'épuration ethno-xénophobe **(2)** et une sorte de consensus national de la haine **(3)**,et normalisée par une conception restrictive de la nouvelle règle constitutionnelle relative à la reconnaissance de la nationalité congolaise d'origine **(4)**

1 Stratagème de pollution mémorielle haineuse

Dans le déficit d'introspection collective sur les causes de la guerre, s'est mis en place un stratagème de pollution mémorielle haineuse par la mobilisation des stratèges de la haine politique**(1.1)**,la récupéra démagogique des rapports des organismes internationaux sur les conséquences de la guerre des Grands Lacs**(1.2)**, leur utilisation comme instruments de mystification des masses populaires et de construction de la haine **(1.3)**, la criminalisation systématique de la « révolte des banyamulenge » **(1.4)**,l'institution d'une clameur publique rwandophobe **(1.5)** le recyclage des recommandations de la «commission Vangu » du HCR-PT **(1.6)**, ainsi que par la revendication d'un processus punitif dévoyant le processus vérité et réconciliation **(1.7)**

1.1 La mobilisation des stratèges de la haine politique

Avec la mise en échec du DIC sur son objectif de réconciliation nationale, la transition vers la 3ième république mit malgré tout le cap vers les élections générales ; et les Kivu, épicentres de la guerre, s'enfoncèrent durablement dans un ressentiment rwandophobe tenace et convertible en *gisement de suffrages électoraux*. Le vif intérêt politicien que représente ce dernier le plaça aussitôt au cœur de stratégies électoralistes, de sorte qu'il mobilisa, (et continue à mobiliser) des politiciens de tout bord dans sa consolidation, sa rentabilisation et son exploitation.

Comme nous venons de le démontrer, le DIC avait raté sa vocation d'être un moment d'introspection collective devant éclairer les causes profondes de la guerre et trouver les voies de leur éradication, pour se réduire à un jeu à somme nulle des belligérants visant le repositionnement post-conflit. De ce point de vue, le Kivu pacifié était électoralement moins rentable que le Kivu en conflit, en raison du gisement de suffrages rwandophobe formé durant la guerre. Il fallait donc y entretenir un climat de violence ethnique contre les populations rwandophones, en réduisant toute la problématique de la guerre à une volonté hégémonique et prédatrice du Rwanda, dont elles seraient une 5ième colonne en RDC. Avec une telle tactique de diabolisation, la rwandophobie est devenue la matière première d'un marketing électoraliste ayant produit une élite locale spécialisée, à laquelle Joseph Kabila fit une place de choix dans la « composante gouvernementale » du DIC et dans la parcelle du pouvoir qui lui était échue au sein de l'ordre institutionnel de la Transition.

Consciente du pouvoir de négociation que lui conféra, dans le jeu électoral national, son stock de suffrages électoraux produit par l'exploitation de la rwandophobie, cette élite kivusienne s'astreignit à le conserver et à le pérenniser, par une opposition systématique et quasi hystérique à toute initiative de pacification des rapports interethniques dans les Kivu, et diplomatiques dans les Grands Lacs. Tel fut le cas lorsqu'en prévision du DIC, le RCD-Goma, à dominance tutsi, convia toutes les parties en conflit au niveau local à un *dialogue inter-kivusien*, tenu à Panzi[62], du 22 au 25 septembre 2001. Cette manœuvre vint rappeler que la fragmentation haineuse du patrimoine humain national au niveau des Kivu, suite à l'application de la loi sur la nationalité de 1981, fut la cause immédiate de la guerre ; et partant elle visait à placer la question sociale du Kivu au cœur du DIC, et elle suggéra pour son traitement la mise en place d'un *Conseil Supérieur de la réconciliation au Kivu*[63].Ce conseil devrait être chargé « de mener dans les deux provinces (Nord-Kivu et Sud-Kivu des activités de concertation entre les communautés, afin d'y cultiver l'esprit de tolérance, l'acceptation mutuelle et la cohabitation pacifique[64].»

Pour contrer ce processus de pacification local et y faire échec, Joseph Kabila avait lancé un peu plutôt, le 5 septembre 2001, cet appel sur BBC : « Aux compatriotes, surtout ceux qui sont à l'Est du pays, au Nord-Est du pays, là où ils sont sous l'occupation des rwandais, des burundais et des ougandais, tout ce que je peux leur dire, c'est de continuer la résistance ». Répondant à cet appel, Vital Kamereh, alors proche conseiller de Joseph KABILA et figure de proue de cette élite locale kivusienne, issue de la « résistance » rwandophobe, convoqua à Kinshasa, le 22 septembre 2001, une «assemblée générale des peuples du *Grand-Kivu* ». Cette dernière maudit la « messe noire de Panzi », et réaffirma que le DIC était le seul lieu de règlement des « *problèmes du Grand Kivu* » ; et pour ce règlement, elle recommanda : « le déploiement des forces de la MONUC aux frontières des territoires occupés avec les pays agresseurs, la création d'un tribunal international pour condamner les crimes de guerre et crimes contre l'humanité, ainsi que le pillage des ressources naturelles et autres richesses du pays perpétrées par les *forces d'agression*[65]» ; elle recommanda par ailleurs l'organisation, en vue de la reconnaissance comme composante à part entière du DIC, des milices locales dites « maï-maï », maitres d'œuvre de l'épuration

[62]Faubourg de la Ville de Bukavu, Chef lieu du Sud-Kivu.

[63]Les rebelles veulent créer un « conseil de la réconciliation dans l'est », AFP, 26 septembre 2001, 54 ; Le *dialogue interkivutien* accouche d'un Conseil supérieur de réconciliation [a], *Le Phare*, 27 septembre 2001

[64]Crisis Groupe, op.cit, p.14

[65]Crisis Groupe, op.cit, p.14-15

ethnique rwandophobe officialisée en 1995 par le HCR-PT, à la suite des recommandations de sa « Commission Vangu ». Quitte à faire du DIC un lieu de recyclage des causes immédiates de la guerre, qu'il était pourtant sensé résorber.

Dans cette approche simpliste de la problématique de la guerre des Grands-Lacs, le recyclage des recommandations de la « Commission Vangu» du HCR-PT nourrit une rhétorique xénophobe qui en réduit la solution au simple retrait des « forces d'agression et d'occupation rwandaises », ainsi qu'au nettoyage ethnique ciblant les agglomérations rwandophones précoloniales à travers les Kivu, présentées comme un alluvionnement de ces forces. De quoi former et nourrir, à l'échelle nationale, toute une phobie populaire que des politiciens, pasteurs, activistes et intellectuels vont cultiver, en vue d'en extraire les suffrages haineux ou de s'assurer à moindre coût intellectuel une notoriété ou une visibilité populaires.

1.2 La récupération démagogique des rapports des organismes internationaux sur les conséquences de la guerre des Grands-Lacs

La guerre des Grands-Lacs n'ayant jamais fait l'objet d'une introspection nationale et sous-régionale, les diffusions parcellaires et tendancieuses des rapports des organismes internationaux sur ses conséquences en tiennent lieu de cadre explicatif, façonné par le discours démagogique d'une élite politique issue, moins d'une réflexion et d'une action pertinentes visant à en résorber les causes, que d'un effort de visibilité populaire sur l'échiquier électoral.

En effet, le 2 juin 2000, le Conseil de Sécurité de l'ONU avait demandé au Secrétaire Général de cette dernière de mettre en place un *Groupe d'experts sur l'exploitation des ressources naturelles et autres richesses de la RDC*, pour rechercher et analyser, non les causes fondamentales de la guerre, mais les « liens existant entre l'exploitation des ressources naturelles et autres richesses du pays et la poursuite du conflit. » Dans son rapport publié au mois de mai 2001, ce « Groupe d'experts » identifie et analyse un mécanisme d'autofinancement du conflit, structure de toute une *économie de guerre*, ainsi que l'implication des catégories d'acteurs (le gouvernement et ses alliés d'une part, groupes rebelles et leurs alliés d'autre part) ; et il note in fine : « les principaux motifs du conflit en République démocratique du Congo sont devenus l'accès à cinq ressources minérales de première importance (…), ainsi que le contrôle et le commerce de ces matières. La richesse de la République démocratique du Congo suscite une convoitise à laquelle il est difficile de résister du fait de l'anarchie et de la faiblesse de l'autorité centrale.»

La même année, l'*International Rescue Committee*[66] fit le constat que de 1998-2002 la guerre des Grands-Lacs est particulièrement « caractérisée par le déplacement massif des populations, l'effondrement des systèmes de santé, les pénuries alimentaires, le tout contribuant à une élévation du taux de mortalité. » En foi de quoi, il mit en place un monitoring d'évaluation annuelle de l'impact humanitaire de la guerre, dont le premier rapport publié le 16 avril 2004 fait état d'un nombre de 3,9 millions de morts entre 1998 et 2004, qu'une mise à jour controversée[67]publiée en 2008, ajuste à 5,4 millions de morts entre 1998 et 2007 à travers toute la RDC[68]. Après avoir osé une mise en parallèle avec le niveau d'atrocité de la 2ième guerre mondiale, le

---

[66]Organisation Non Gouvernementale de droit américain, fondée en 1933 à l'initiative d'Albert Einstein, et ayant pour objet l'assistance humanitaire aux populations affectées par les conflits ou toute autre situation impliquant une crise humanitaire. Elle intervient en RDC, depuis 1999, pour fournir son expertise en évaluation des besoins sanitaires dans les zones de santé affectées par la situation de guerre.

[67]Dès sa publication, le rapport est contesté par le cabinet Adrass dans son rapport : « La surmortalité au Congo(RDC) durant les troubles de 1998-2004 : une estimation des décès en surnombre, scientifiquement fondée à partir des méthodes de la démographie, par André Lambert et L. LohléTart, adrass@skynet.be, octobre 2008, 18 p. Commandé par l'Union Européenne, ce rapport conteste formellement le nombre de 4 millions de victimes, sur base de données de l'enrôlement des électeurs de la CENI en 2006, et d'une analyse de la reconstitution dynamique de la population depuis le dernier recensement de 1984. En foi de quoi, il estime à 200.000 morts le nombre de victimes des troubles liés à la déliquescence du régime de Mobutu, de 1992 à 2004

[68]IRC, « Mortality in the Democratic Republic of Congo: An ongoing crisis », https://www.rescue.org, rapport publié le 1ier mai 2007, 21 p

rapport note cependant que « seulement 0,4% de tous les cas de décès à travers la RDC est directement imputable à la violence. De même que dans les précédentes évaluations de l'IRC, la majorité de cas de décès a été causée par les maladies, la malnutrition et les mauvaises conditions d'accouchement[69].»

Au mois de mai 2007, à la suite de la découverte de trois fosses communes dans le Nord-Kivu en 2005 et des présomptions antérieures sur le massacre des réfugiés Hutu en 1997 par les troupes rwandaises, le Secrétaire Général de l'ONU entérina le mandat du *Projet Mapping,* dont le premier objectif fit de « dresser l'inventaire des violations les plus graves des droits de l'homme et du droit international humanitaire commises sur le territoire de la RDC entre mars 1993 et juin 2003 » ; puis « d'aider le Gouvernement de la RDC à identifier les mécanismes appropriés de justice transitionnelle, permettant de traiter les suites de ces violations en matière de vérité, de justice, de réparations et de réforme », en vue de l'utilité du processus de pacification post-conflit. Ce mandat assez ambitieux résulta cependant en un *rapport du Projet Mapping concernant les violations les plus graves des droits de l'homme et du droit international humanitaire commises entre mars 1993 et juin 2003 sur le territoire de la République démocratique du Congo*, publié au mois d'août 2010. Il se révéla truffé de contradictions, d'approximations et d'insinuations tendancieuses qui l'exposèrent aussitôt à la controverse et au discrédit :

- concernant le premier objectif du *Projet Mapping*, il est réduit au strict minimum, sans aucun intérêt judiciaire, en ces termes : « l'objectif premier du Mapping étant de rassembler les informations de base sur les incidents découverts, le niveau de preuve requis était de toute évidence inférieur à ce qui est exigé en matière criminelle devant une instance judiciaire. Il ne s'agissait donc pas d'être convaincu hors de tout doute raisonnable de l'existence d'une infraction mais plutôt d'avoir une suspicion raisonnable que l'incident s'était produit. On définit la suspicion raisonnable comme « nécessitant un ensemble d'indices fiables

[69]IRC, Op Cit, p.III

correspondant à d'autres circonstances confirmées, tendant à montrer que l'incident s'est produit[70].»

- indiquant l'ampleur et la gravité des crimes commis contre des populations civiles leur conférant un caractère de crimes internationaux, le rapport note : « Ces dix années ont, en effet, été marquées par une série de crises politiques majeures, des guerres ainsi que de nombreux conflits ethniques et régionaux qui ont provoqué la mort de centaines de milliers, voire de millions de personnes[71] » ; et pour étayer cette assertion fantaisiste, il renvoie inopportunément et tendancieusement au nombre de 5,4 millions de victimes évoqué dans le rapport de l'IRC en question, avant de préciser : « il est à noter cependant que la méthodologie retenue par l'IRC pour déterminer le nombre de morts indirects repose sur des études épidémiologiques et des estimations de croissance démographique qui ont pu être contestées. Compte tenu de son mandat, il ne revenait pas au Projet Mapping de se prononcer sur le nombre total de personnes mortes ou tuées du fait de la situation en RDC au cours de la période considérée[72]. »

Ainsi, contrairement à son intitulé, dont la réalité se réduit aux trois fausses communes dont la découverte avait motivé sa demande par le Secrétaire Général de l'ONU, ce rapport du *Projet Mapping* n'est qu'une cartographie d'indices des violations graves des droits de l'homme fournis çà et là à travers le territoire national, par des témoignages recueillis dans une mémoire collective polluée par la surenchère de l'horreur, à laquelle se livre les politiciens et autres activistes des parties en conflit, ainsi que par des théories du complot locales.

En l'absence d'une élite scientifique et politique à la hauteur d'une œuvre d'introspection nationale, rendant objectivement compte de la part de responsabilité congolaise dans la guerre, ces outils d'évaluation des conséquences de la guerre ont été détournés de leur objet et de leur finalité pédagogique, et récupé-

---

[70] HCNUDH, *Rapport du Projet Mapping concernant les violations les plus graves des droits de l'homme et du droit international humanitaire commises entre mars 1993 et juin 2003 sur le territoire de la République démocratique du Congo*, août 2010, §7, p.6

[71]HCNUDH, Op. Cit., §127, p 49

[72]HCNUDH, Op. Cit.,ibedem, note de bas page 87.

rés dans le discours politique pour servir abusivement de cadre explicatif de l'étiologie du conflit : les conséquences économiques, humanitaires et meurtrières évaluées pour des réparations post-conflit sont ressassées comme étant les motivations criminelles à la base l'*agression* et de l'*occupation* de la RDC, par les pays voisins, avec la complicité de ses populations rwandophones.

1.3 L'utilisatisation des rapports en question comme instruments de mystification des masses et de construction de la haine

Dans ce déficit d'introspection collective sur les causes de la guerre des Grands Lacs, les rapports des organismes internationaux en question firent l'objet d'une refonte haineuse, les ayant réduits en instruments de mystification des masses populaires et de construction de la haine à l'échelle nationale, d'une redoutable efficacité.

Dès sa publication, le rapport du *Groupe d'experts sur l'exploitation des ressources naturelles et autres richesses de la RDC* fut l'objet d'une large diffusion médiatique et parcellaire, qui sustente (jusqu'à présent) une étiologie de la guerre des Grands-Lacs, occultant les belligènes et haineuses recommandations de la « commission Vangu » du HCR-PT, et les résolutions parlementaires subséquentes, comme causes immédiates du conflit ; elle leur a substitué la thèse complotiste (prévalant jusqu'à ce jour dans l'opinion publique) d'une invasion extérieure planifiée et concertée entre les États voisins, les « multinationales » et les milices locales rwandophones, dans l'unique but de faire main basse sur les ressources minières des Kivu. Les conséquences économiques et logiques de la guerre en devinrent ainsi les causes principales, à la place des causes politiques et sécuritaires induites à l'échelle sous-régionale par l'application hystérique, haineuse et irresponsable de la loi sur la nationalité de 1981, suivant les recommandations de la « Commission Vangu » du HCR-PT.

Quant au rapport de l'IRC, il tomba à propos dans la surenchère de l'horreur où les parties en conflit dans les Kivu rivalisent de dénonciations, plus ou moins fantaisistes, de crimes commis les une contre les autres : les 5,4 millions de morts re-censés à travers le territoire national, comme en plus grande partie victimes d'une altération des conditions sanitaires, due à la situation de guerre, devinrent les victimes d'un « génocide » commis par les troupes rwandaises, avec l'aide des milices loca-les rwandophones, dans le cadre d'un plan séculaire d'exter-mination et de remplacement des « populations autochtones » dans les provinces « occupées ».

Le rapport du *Projet Mapping* va, sous la houlette du docteur Denis Mukwege, faire l'objet d'une vulgarisation confuse, partiale et partielle qui en réduit le champ spatial aux provinces « occupées » par l'armée rwandaise et le RCD-Goma, ainsi que l'objet, aux témoignages des crimes présumés de ces derniers[73]. Il subit ainsi une refonte haineuse ignorant les réserves et les avertissements contre son utilisation judiciaire comme preuve de crimes inventoriés, et qui met en relief ses insinuations et suppositions tendancieuses sur le nombre de victimes, de manière à le divulguer, dans l'opinion publique, comme la preuve des *crimes tutsi* en RDC, établie par une « enquête criminelle internationale », et comme telle exploitable par un Tribunal Pénal International.

1.4 La criminalisation systématique de la « révolte des banyamulenge »

Dans la perspective d'un repositionnement individuel post-conflit, la rentabilité électorale de l'exploitation de la rwandophobie incita des politiciens et des activistes en tout genre à une criminalisation systématique et virulente de la « révolte des banyamulenge », faite sur base d'une lecture tendancieuse des rapports des organismes internationaux en question. Le discours politique congolais se réduisit ainsi à une surenchère nationaliste, où la dénonciation des « crimes tutsi » en RDC devint un gage de patriotisme. Quitte à compromettre le processus de réconciliation post-conflit.

---

[73] Voir plus ample développement ci-dessous

Dès la mise en chantier du DIC, le *camp Kabila* comprit la rentabilité électorale d'un investissement électoraliste dans la conservation et la culture intensive du ressentiment rwandophobe, formé à travers le pays[74]durant les deux guerres. Le ministère des Droits Humains récupéra ainsi le tout premier projet de rapport de l'IRC sur l'impact humanitaire de la situation de guerre, établissant une mortalité à l'échelle nationale de 3.5 millions de morts entre 1998 et 2000, sur base duquel il élabora un *Livre blanc* ,publié en octobre 2001, sous l'intitulé : *La guerre d'agression en République Démocratique du Congo trois ans de massacres et de génocide « à huis clos».*

Dans le conflit interethnique des Kivu, sous-tendant la *guerre sous-régionale* qui se déroulait alors, ce document gouvernemental illustre un parti pris ethnique, en ce qu'il réduit spatialement aux Kivu cet « impact humanitaire » de la guerre, et le transforme en un « génocide », imputable aux « pays envahisseurs » (le Rwanda étant principalement ciblé), et à leurs supplétifs locaux issus des populations congolaises tutsi. On peut ainsi y lire : « la catastrophe humanitaire est à son comble : au moins 3.500.000 victimes directes et indirectes. Parmi les victimes, on compte de nombreuses populations autochtones telles que les Hunde, Fulero, Bembe, Lega, Shi. Nande. Nyindu, Tembo, Nyanga, Hema et Lendu : 3.500.000 victimes, soit plus de six fois les victimes du génocide de rwandais de 1994. Appliqué à l'échelle d'un certain nombre de pays africains, on aurait assisté à la décimation de la moitié, voire de la totalité de la population. Les réfugiés Hutu et l'ethnie Hutu en général ont payé un lourd tribut[75]. »

Ignorant les victimes tutsi, cette ethnicisation sélective des victimes de la guerre induisit dans l'opinion publique l'illusion d'un « génocide des bantou » commis par les nilotiques, *himatutsi.* Pour étayer ce « génocide », le *Livre blanc* relate une

---

[74]Avec une forte concentration dans les Kivu, due à la haine ethnique, et dans l'Équateur, suite à la chute du régime de Mobutu qui y avait son fief traditionnel, et imputable à la révolte des Banyamulenge, à la base de la rébellion de l'AFDL.

[75]Page 6. Il y a là déjà en germes, la thèse du double génocide à charge du Front patriotique rwandais, que la diplomatie française essaie de faire valider par l'ONU à travers le *Rapport Mapping*, en vue de minimiser le génocide tutsi commis par le régime d'Habyarhimana avec l'aide de la France.

série de massacres commis par les troupes rebelles du RCD-Goma, en représailles des attaques des *maï-maï*, dans une douzaine de localités ou villages entre 1998 et 2001 ; et il donne un bilan général précis de 4.306 victimes, recensées à travers le Nord-Kivu et Sud-Kivu. Comme illustration raisonnable d'un « génocide », la preuve est évidemment insignifiante et assez farfelue. Mais il n'en fallait pas plus pour jeter les bases d'une mystification des masses populaires.

Ainsi, la haine se faisant plus forte et électoralement plus rentable que la raison, ce *Livre blanc* imposa, au sujet de la « révolte des banyamulenge » et de l'intervention des troupes rwandaises, un narratif surréaliste et complotiste, fait de termes empruntés au narratif historique de l'*opération Barbarossa*[76]d'Adolphe Hitler : il leur affecte le même but hégémonique (extension de l'*espace vital* pour la survie d'une ethnie), ainsi que les mêmes méthodes criminelles (exterminations et déportations des populations, liquidation des élites locales ...). Nous pouvons ainsi y lire, par exemple : « Plus que de simples massacres quant au nombre et à l'ampleur, il s'agit bel et bien d'un génocide, dont la similitude des méthodes trahit mal la finalité ultime à atteindre, à savoir : exterminer en masse comme à petit feu les populations de l'Est du Congo. À défaut, les forcer à l'exil ou les réduire définitivement au silence et à la résignation face au nouvel ordre sociopolitique en imposition[77] » ; il y a aussi ce mensongère historique sur le peuplement rwandophone du territoire national, présentant des agglomérations précoloniales des populations tutsi comme des alluvionnements des « forces d'agression et d'occupation » : « La première méthode consiste à procéder à des tueries massives et/ou spectaculaires, de manière à forcer les rescapés soit à la résignation, soit à l'exil, ouvrant ainsi la voie aux colonies de peuplement rwandophones. Ce fut le cas dans le territoire d'Uvira où, selon les enquêtes menées par le Rassemblement pour le Progrès, les massacres des populations congolaises dans la plaine de la Ruzizi et la fuite des survivants vers la Tanzanie ont été suivis d'implantations,

---

[76]Opération d'occupation nazie de l'Europe orientale et l'URSS, conçue par Hitler durant la 2ième Guerre mondiale et axée sur l'asservissement des populations locales et l'extermination des juifs, ainsi que sur le pillage des richesses des pays occupés.
[77]Page 39

dans la *Zone nettoyée*, des Tutsi venant du Rwanda, du Burundi et du Katanga. Il en est de même, dans le Masisi, où des paysans venant du Rwanda furent implantés dans les villages vidés de leurs occupants. Ce sera également le cas sur les hauts plateaux de Fizi, aux confins du territoire de Mwenga, où les massacres opérés dans ces deux territoires visèrent en définitive la consécration ou à tout le moins, l'implantation en fait, d'immigrés tutsi dans la localité de Minembwe[78] »

Cette criminalisation officielle de la « révolte des banyamulenge » relayait un puissant ressentiment populaire rwandophobe, tout en le nourrissant des mensonges historiques qui, au fil des années, se sont s'imposés comme les *mythes fondateurs* de la RDC post-conflit : le « génocide des congolais», la poursuite de « l'occupation rwandaise » à travers la présence des populations rwandophones, dans les provinces du Kivu et de l'Ituri, ainsi que la menace de « balkanisation » du pays. L'expérience de la guerre se réduisit ainsi à une malheureuse parenthèse, refermée par le DIC sous pression diplomatique, alors que la RDC post-conflit fut restituée aux démons de la haine suscités et mobilisés jadis par les recommandations de la « Commission Vangu » du HCR-PT et les résolutions subséquentes de ce dernier, et revitalisés ce jour par des appels démagogiques à la lutte de contre « l'occupation rwandaise » et à une justice internationale contre les *crimes tutsi.*

1.5 Institution d'une clameur publique rwandophobe

Dans la classe politique, ces appels à la lutte contre « l'occupation rwandaise » et à la justice contre les *crimes tutsi* s'imposent comme des clefs d'accès à l'immense *réserve de suffrages électoraux* induite par le ressentiment rwandophobe dans les Kivu, l'Ituri et ça et là à travers la République. Ce qui implique la formation, dans l'opinion publique, d'une sorte de *clameur publique rwandophobe* qui, à chaque résonnance, s'impose aux politiciens et aux activistes comme lieu de manifestation de la loyauté patriotique, de la foi nationaliste et de quête de popularité.

---

[78]Pages 40 et s.

Confortée par la criminalisation officielle de la « révolte des banyamulenge », l'opinion publique *kivusienne* et ses élites se montrèrent publiquement réfractaires aux options d'inclusivité du droit à la nationalité et de réconciliation, levées au DIC. Leur potentiel électoral poussa la classe politique, et surtout Joseph Kabila, auquel les adversaires politiques attribuent des origines *tutsi*, à dénoncer à des fins purement électoralistes ces options du DIC. Célébrant le premier anniversaire[79] de la signature de l'accord global et inclusif de Sun City, Yerodia Abdoulaye Ndombasi, vice-président de la République, déclara en effet, au sujet de la présence des tutsi dans les institutions de la transition : « ces gens là sont maintenant ici avec nous. Nous les tenons à l'œil et cette fois-ci, ils ne nous échapperont pas» ; à la mi-novembre 2003, ses partisans déroulent des banderoles tout le long du *boulevard du 30 juin*, annonçant la sortie d'un Album intitulé *Rwakabuba*[80], dont le contenu est une chanson, dont le refrain est *Rwakabuba rwandais* ; ce qui, au cours d'une émission télévisée, consacrée au dit accord, fit dire à Kudura Kasongo, promu porte-parole du président de la République : « RCD signifie *Rwandais au Congo Démocratique.* »

Ce discours démagogique de markéting électoraliste visait moins à combattre le RCD-Goma (mouvement ultra-minoritaire sur l'échiquier électoral), qu'à réchauffer un magma de ressentiment populaire qui s'étendait dans le sous-sol politique de la RDC en y comblant durablement un vide idéologique abyssal. À chaque éruption, ses larves haineuses remontent en surface et se répandent sous forme d'une clameur publique rwandophobe, où politiciens et activistes viennent rechercher la sève nécessaire à leur visibilité et légitimité populaires.

L'événement le plus récent et le plus illustratif de cette fusion haineuse souterraine et de son éruption politisée est le tollé populaire suscité par l'investiture du bourgmestre de la *commune rurale* de Minembwe, et l'agitation politicienne subséquente portée à un niveau pathétique par l'Assemblée nationale,

---

79Le 17 décembre 2003

80Du patronyme d'un congolais d'origine banyamulenge, ayant plusieurs fois occupées des postes officiels au sein de la hiérarchie du MPR Parti-État

qui a fait vaciller le Président de la République. Comme la plupart des agglomérations socio-humaines à travers la république, celle de Minembwe, dans les hauts plateaux du Sud-Kivu, fait l'objet d'un processus administratif légal visant à l'ériger en *commune rurale* ; ce qui signifie la soumettre sous l'autorité de l'État, en y organisant un service public local au profit des habitants (police, délivrance d'actes d'État-civil, gestion des occupations foncières …). Mais au mois de septembre 2020, l'investiture du Bourgmestre a fait l'objet d'une médiatisation créant un tollé dans des forums citoyens et dans des états-majors des partis politiques, où on a pu dénoncer cette agglomération à majorité *tutsi* comme une *masse alluvionnaire* de « l'occupation rwandaise », à éradiquer du territoire national.

Ce tollé populaire étant une opportunité pour des politiciens en mal de visibilité populaire de s'illustrer, des députés ont décidé de le relayer à l'assemblée nationale à travers l'interpellation du ministre de l'intérieur, le 19 octobre 2020. Il ne s'agissait pas tant d'examiner la question à la lumière de la loi sur la décentralisation, en vue d'éclairer l'opinion publique, mais d'agiter le *péril tutsi* constitué par l'agglomération en question, en vue d'être en phase avec la rue et y gagner des points sur l'applaudimètre. La députée Ève Bazaiba[81], juriste de son état, s'est ainsi illustrée en inscrivant la création de la dite commune rurale, non dans le processus administratif légal de soumettre, à l'autorité de l'État, une agglomération formée sur le territoire national, mais dans un processus complotiste de « revendication ascendante » des « immigrés », au service des velléités hégémoniques du Rwanda : ils avaient revendiqué la *nationalité*, puis aujourd'hui la *terre* et après ça serait l'autodétermination ou l'annexion au Rwanda.

Surfant sur ce tollé populaire, Martin Fayulu, principal opposant au Président Félix Tshisekedi et qui peine à mobiliser la rue contre ce dernier, appela à une marche de protestation sur toute l'étendue du territoire national contre « l'occupation du territoire par une ethnie étrangère » et pour faire échec à ce

---

[81] Elle est secrétaire du Mouvement de libération du Congo, un de principaux partis de la RDC

« plan de balkanisation », en cours de matérialisation à travers un « accord signé entre Kabila, Kagame et Tshisekedi ». Pour prévenir toute implosion populaire, ce dernier a du se précipiter à Goma pour annoncer publiquement la suspension de la décision d'installation du Bourgmestre, et le réexamen du processus administratif d'érection de Minembwe en commune rurale.

Donnant une tournure surréaliste et dramatique à ce tollé populaire, le docteur Dénis Mukwege, interpellé sur la question le 09 novembre 2020, se distingua en inscrivant carrément la création de la Commune de Minenbwe dans la dynamique criminelle de l' « occupation rwandaise », telle que décrite dans le *Livre Blanc* du ministère des droits humains sus-évoqué : il suggéra un traitement judiciaire de la question par un Tribunal Pénal International, qu'il revendique depuis la réception de son Prix Nobel de la Paix, pour juger les *crimes tutsi* en RDC. Il déclara : « cette question de Minembwe ne devrait pas nous préoccuper, c'est une distraction. Demandons un Tribunal pénal international et la question de Minembwe sera résolue[82] »

Ce dernier propos, tenu par celui qui tient lieu *repère moral* dans le Sud-Kivu, illustre combien, les calculs politiciens et la haine ethnique, prenant le pas sur la réflexion politique, la RDC s'est éloignée des options d'inclusivité et de réconciliation du DIC, de manière à se réinstaller durablement et dangereusement dans une clameur publique rwandophobe, recyclant les recommandations de la Commission Vangu du HCR-PT, causes immédiates de la guerre des Grands-Lacs.

1.6 Recyclage des recommandations de la « Commission Vangu » du HCR-PT

Les recommandations de la « Commission Vangu » du HCR-PT ayant été battues en brèche par les résolutions inclusives du DIC, la clameur publique rwandophobe, qui rythme désormais le discours politique post-conflit, les recycle par la refonte haineuse du *rapport mapping*[83], de manière à les faire

---

[82] Article Actualité CD publiés le 19 novembre 2020, https://actualité.cd
[83] Voir ci avant, Chap II, III, 1, 1.3

subtilement rimer avec les recommandations de ce dernier ; et elle se dote, pour leur promotion, d'une voix « crédible », moins suspecte de haine et de portée internationale : le Docteur Dénis Mukwege, Prix Nobel de la Paix 2018.

Au terme de ses recommandations susmentionnées[84], le rapport de la « Commission Vangu » du HCR-PT exigeait l'exclusion de tous les congolais rwandophones de la vie publique nationale ; mais à la faveur des résolutions du DIC sur le partage du pouvoir pendant la Transition et sur la reconnaissance de la nationalité, plusieurs d'entre eux furent nommés à des postes divers au sein des institutions publiques. Dans le chef des élites locales du Kivu, cette restauration ou réhabilitation des « *infiltrés* » sécréta une immense frustration, dont l'exutoire va être le *Rapport Mapping* : sa récupération et sa refonte haineuse vont en faire un instrument de recyclage des recommandations de la « Commission Vangu » du HCR-PT, de manière à les faire rimer sournoisement avec celles du dit rapport, relatives à l'*assainissement des institutions* et à la *création d'un Tribunal Pénal International.*

En effet, pour l'instauration d'une paix durable et la fiabilité des institutions publiques post-conflit et, le *Rapport Mapping* recommande un *processus d'assainissement de ces dernières*[85], visant les personnes convaincues de crimes les plus graves, commis durant la guerre, et leur jugement pour dédommager leurs victimes[86]. Mais tel que récupéré et refondu dans la haine comme preuve internationale des *crimes tutsi* en RDC, ce rapport est exploité et diffusé dans l'opinion publique de manière à doubler le statut « d'infiltrés », accolé avant la guerre aux populations congolaises rwandophones, de celui de « criminels internationaux ». Ce qui y fait rimer sa double recommandation en question avec une épuration rwandophobe des institutions et de la vie publiques, telle qu'exigée avant la guerre par le rapport de la « Commission Vangu » du HCR-PT : lors d'un *Colloque sur l'Afrique des Grands Lacs*, organisé au Sénat français le 09 mars 2020 par des personnalités françaises

---

[84]Voir ci-avant, Chap. II, II, 1, 1.6
[85]Cfr pages 520-522, paragraphes 1138-1143
[86]Cfr pages 468 et s.

(dont Hubert Vedrine), en collaboration avec le docteur Dénis Mukwege, en vue de débattre sur la « thèse du double génocide[87] *»,* évoquée dans le *rapport mapping* à charge des troupes *tutsi* du FPR, Martin Fayulu exprima cette revendication recyclée en ces termes :« Aujourd'hui on tue à Beni. Aujourd'hui il y a trois cents officiers tutsi au sein des Forces Armées Congolaises. Dans la force publique, l'armée congolaise d'avant l'indépendance, il n'y avait pas un seul tutsi. L'Armée Nationale Congolaise, après l'indépendance, pas un seul tutsi. Dans les Forces Armées Zaïroises, à l'époque de Mobutu, pas un seul tutsi. Et aujourd'hui, plus de 300 officiers et plus de cents généraux tutsi ? Qu'est-ce qui se passe réellement ? Tout est dirigé par Kagame. On est entrain de préparer le chaos ! »

Le jour de la réception de son prix Nobel de la paix, soucieux de conférer à l'événement un retentissement populaire dans son Kivu natal, le docteur Dénis Mukwege se plaça au cœur de cette manœuvre de recyclage (dans le *Rapport Mapping*) de la haine et des phobies véhiculées par les recommandations de la « Commission Vangu » du HCR-PT. Il exigea, en effet, dans son discours de réception, que le *Rapport Mapping* fut « retiré de tiroirs de l'ONU », en vue de la création d'un *tribunal pénal international* devant juger les crimes inventoriés, et *de* l'*assainissement des institutions* de la RDC. Mais sa mise en perspective historique de cette exigence, dont il va faire son combat, s'avère partiale, partielle et réductrice du contexte même de ce rapport : relevant malicieusement la valeur probante de ce dernier au-delà de celle lui attribuée par ses propres auteurs à son paragraphe 7 cité ci-avant[88], il va systémati-

---

[87]En vue de minimiser le génocide tutsi commis par le gouvernement rwandais, soutenu par leur gouvernement, des officiels français élaborèrent la thèse d'un second génocide commis par les troupes du FPR, à majorité tutsi, pour se vanger e génocidaires hutu. Cette thèse est réprise dans le rappor mapping, et y est assortie d'une recommandation d'instituer un Tribunal Pénal International pour l'examiner. Elle vient cependant d'être battue en brèche par le « Rapport Duclert » du 26 mars 2021, commandé par le Président de la République française, sur le rôle de la France au Rwanda, au moment du génocide.

[88]Evoquant le *rapport mapping* dans son discours de réception du Prix Nobel de la Paix (10 décembre 2018), il affirme hargneusement : « au même moment où je vous parle, un rapport est entrain de moisir dans le tiroir d'un

quement inscrire son *combat* dans un cycle de violence qui commence pour lui *en octobre 1996*, avec la guerre de l'AFDL ; et où il n'évoque que les crimes attribués à cette dernière et au *RCD-Goma*[89], *in solidum* avec les troupes rwandaises. Il occulte de ce fait l'épuration ethnique contre les populations congolaises rwandophones, telle qu'officialisée par les résolutions du HCR-PT de 1995 consécutives aux recommandations de sa « Commission Vangu », et qui se poursuit à ce jour dans les *Haut-Plateaux* du Sud-Kivu.

Dans cette perspective historique biaisée par la haine ethnique, le plaidoyer du docteur Dénis Mukwege pour la création d'un *Tribunal Pénal International* et l'*assainissement des institutions* résonne dans la rue, les salons politiciens et les forums citoyens avec les mêmes accents rwandophobes que les recommandations de la « Commission Vangu » du HCR-PT.

Cependant, infructueux sur le plan international, faute de support juridique et rationnel sérieux, ce plaidoyer tendancieux s'y réduit à une agitation diplomatique, circonscrite au parlement européen. Il confère cependant à ce prix Nobel de la paix congolais une aura lui permettant de s'imposer, sur l'échiquier politique national et face aux politiciens de tout bord, comme le dépositaire attitré du stock de suffrages électoraux rwandophobes déductible, çà et là à travers la république, de cette demande de justice revancharde, sélective et partiale. Ce qui lui vaut l'allégeance intéressée des politiciens et activistes sans culture politique et idéologique, en quête ou en mal de visibilité populaire.

---

bureau à New-York. Il a été rédigé à l'issu d'une enquête professionnelle et rigoureuse sur les crimes de guerre et les violations des droits humains perpétrés au Congo (…) Qu'attend le monde pour qu'il soit pris en compte ? Il n'y a pas de paix durable sans justice. Or, la justice ne se négocie pas »

[89]Discours prononcé lors du Colloque « Rapport Mapping RDC : Instrument pour la fin de l'impunité », organisé par l'Assemblée nationale de la France le lundi 2 décembre 2019

1.7 Revendication d'un processus punitif dévoyant le processus « justice, vérité et réconciliation »

Consécutivement à ce recyclage des recommandations de la « Commission Vangu » du HCR-PT, par l'exploitation mensongère du *Rapport Mapping*, le processus *Vérité et Réconciliation*, dont il recommande la relance, est dévoyé par la revendication d'un *processus punitif*, envisagé en des termes empruntés au processus de *dénazification*, appliqué par les *Alliés*, pour libérer l'Allemagne de l'idéologie hitlérienne et des nazis.

Au cœur du processus post-conflit, le DIC avait prévu une Commission *Vérité et Réconciliation*, qui devait piloter un processus de pacification des esprits, par une introspection collective sur les véritables causes (lointaines et immédiates) du conflit et ses conséquences, ainsi que sur la part de responsabilité de chaque partie prenante et les réparations nécessaires à la restauration de la paix et de la cohésion sociales. Mais ces bénéfices sociopolitiques se faisant moins incitatifs que la rentabilité électorale de la haine et de la manipulation des consciences, ce processus introspectif fut aussitôt mis en échec au profit de l'idéologisation de la haine. Suite à cet échec, le *Rapport Mapping*, établissant une responsabilité inclusive de la violence, recommande la restauration et la reconfiguration de cette Commission *Vérité et Réconciliation*[90],fondées sur le *droit à la vérité du peuple*, c'est-à-dire « le droit de connaître la vérité absolue et complète quant aux événements qui ont eu lieu, aux circonstances spécifiques qui les ont entourés et aux individus qui y ont participé, y compris les circonstances dans lesquelles les violations ont été commises ainsi que les raisons qui les ont motivées[91]».

Mais dans un contexte de récupération démagogique de ce rapport et de sa refonte haineuse, sa recommandation en question est localement dévoyée par un plaidoyer pour un processus punitif qui, s'inspirant du processus de *dénazification* de l'Allemagne, vise la reconnaissance internationale d'un prétendu « génocide du peuple congolais », commis par les troupes rwan-

---

[90]Pages 490-499

[91] ibidem

daises et les milices locales rwandophones, la création d'un tribunal pénal international pour juger ces dernières et l'éradication de toute *présence rwandophone* de la vie publique nationale.

Ce dévoiement partial et haineux du processus de *Vérité et de Réconciliation* n'apparait pas explicitement dans les plaidoyers du docteur Dénis Mukwege, exposés toujours dans les termes identiques à ceux du *rapport Mapping* ; il y est plutôt bien perceptible en filigrane, à la lumière de la partialité ethnique de l'action mémorielle sous-jacente. Les *lieux de mémoire* évoqués, à l'appui de ses plaidoyers, ne sont en effet que des dates de prétendus *crimes tutsi* : le 2 aout 2020, évoquant le début de la rébellion du RCD le même jour en 1998, il a mobilisé politiciens et activistes en mal de visibilité populaire dans une grotesque campagne pour la consécration d'une « journée commémorative du génocide congolais », dont les dates et faits marquants seraient les jours des massacres imputés à la *rebellion tutsi* (massacres de Lemera, de *Tingi-Tingi*, de *Makobola*, de *Kasika*, la *guerre de Kisangani*)

Avec ce soubassement mémoriel partiel et partial, occultant la violence ethnique et rwandophobe provoquée par les recommandations de la « Commission Vangu » du HCR-PT, ces plaidoyers pour la mise en œuvre de celles du *Rapport Mapping* suggèrent bien un processus punitif, visant moins la satisfaction d'un besoin collectif de vérité, de justice et de réconciliation, qu'une excitation des haines et rancœurs ancestrales et leur assouvissement continuel.

2 Prémices d'une nouvelle vague d'épuration ethno-xénophobe

Dans l'idéologisation rwandophobe de l'épuration ethnique du patrimoine humain national, se profile une nouvelle vague d'épuration ethno-xénophobe, visible à travers une violence résiduelle et sournoise **(2.1)**, une interprétation complotiste de la mobilité post-conflit des populations rwandophones **(2.2)**, et l'instrumentalisation politicienne des effets de cette violence **(2.3)**

2.1 La violence résiduelle et sournoise

Par le recyclage post-conflit des recommandations de la « Commission Vangu » du HCR-PT, les provinces de l'Est de la RDC sont maintenues dans une forme de violence résiduelle et sournoise, qui implique des milices tribales locales, autrefois constituées dans la perspective funeste d'une réappropriation populaire de ces recommandations, et actuellement instrumentalisées au profit de divers intérêts ; et qui se légitime localement en continuant à agiter le péril *hima-tusi,* toute en se dédouanant, au plan national, de ses effets par leur imputation aux populations rwandophones.

Si le DIC avait résorbé la dimension internationale du conflit des Grands-Lacs par le retrait des forces régulières étrangères, et plus ou moins sa dimension nationale par l'aboutissement processus électoral, il persiste dans sa dimension locale à travers une violence résiduelle, orchestrée au profit des intérêts locaux, résidus de l'*économie de guerre* (mise en place par les belligérants pour l'autofinancement du conflit), ou liés à la traditionnelle arithmétique électorale à base ethnique ; elle implique ainsi les *maï-maï,* milices tribales poursuivant l'épuration ethnique contre les populations rwandophones, ou assurant l'accès aux gisements des ressources naturelles et la contrebande de leurs produits, au profit des réseaux mafieux locaux. C'est dans cette perspective politicienne et mafieuse que plonge ses racines l'activisme meurtrier des « groupes armés » dans les hauts plateaux du Sud-Kivu, la plaine de Ruzizi, le Nord-Kivu et dans l'Ituri[92].

Pour assurer la durabilité des intérêts politiciens et économiques qu'elle sert, cette violence résiduelle se légitime localement à travers le recyclage de la rwandophobie, telle que propagée par les recommandations de la « Commission Vangu » du HCR-PT, et se dédouane de ses effets (viols, meurtres et pillages) en les imputant aux populations rwandophones, présentées

---

[92] Voir MONCHY Virginie et al. *Rapport à mi-parcours du Groupe d'experts sur la République démocratique du Congo*, Conseil de Sécurité de l'ONU, S/2020/1283, 23 décembre 2020

comme une masse alluvionnaire de « l'occupation rwando-ougando-burundaise ». Les groupes armés sévissant à l'Est justifient en effet, auprès des populations locales dites autochtones, leur survie postconflit par la nécessité de poursuivre la lutte contre « l'occupation rwandaise » de la RDC, c'est-à-dire la présence des populations rwandophones sur le territoire national et celle de leurs personnalités dans les institutions publiques ; et les meurtres, viols et pillages qu'ils commettent sont malicieusement et sournoisement diffusés dans l'opinion publique nationale comme des crimes commis par ces dernières.

2.2 L'interprétation complotiste de la mobilité post-conflit des congolais rwandophones

Pour donner le change sur ses véritables causes et se justifier, cette violence résiduelle recycle le péril *Hima-tutsi* (agité par le rapport de la « Commission Vangu » du HCR-PT) par une interprétation complotiste de la mobilité post-conflit des populations congolaises rwandophones. Obéissant aux mêmes objectifs de survies individuelles que toutes les mobilités interprovinciales des populations congolaises, et créant les mêmes tensions ethniques dans les centres urbains, elle est cependant agitée comme le signe d'une imminente *balkanisation* des provinces de l'Est de la RDC.

Il existe depuis toujours un mouvement migratoire des populations des provinces du Kivu vers les terres fertiles et minières de l'Ituri, ayant les mêmes motifs de survie personnelle et créant les mêmes tensions sociales que celui, par exemple, des *Balubas* du Kasaï vers les centres urbains du Katanga, et actuellement vers Kinshasa et le Kongo-central. Après le DIC, cette mobilité des populations kivusiennes, toutes ethnies confondues, a pris une tournure particulière suite aux rebellions résiduelles et post-conflit du CNDP et du M23[93] : on y note dès 2013, un flux migratoire massif des populations rwandophones du sud de la province du Nord-Kivu, dites « Banyabwisha », lassées par la persistance de l'insécurité ou pénalisées par la

[93]Voir ci-avant note de bas de page 57

rareté des terres agricoles, dues à l'expansion des activités pastorales. Dans l'Ituri, éprouvé par des rivalités ethniques entre les *Lendu* et *Héma*, les migrants rwandophones s'installent sur les terres de ces derniers (notamment dans les localités Boga et Tchabi), qu'ils atteignent de fois par l'Ouganda, en contournant les terres septentrionales du Nord-Kivu, où ils font l'objet des attaques des milices de leurs « *frères ennemis* » de la tribu *nandé*, alliés aux *Lendu.*

Dans ce contexte conflictuel de l'Ituri, la massivité de ce flux migratoire rwandophone crée naturellement une tension sociale, due à la rivalité entre opérateurs économiques pour l'accès aux terres agricoles et aux marchés locaux, ainsi qu'entre politiciens, du fait de la modification brusque et significative d'une arithmétique électorale ethnicisée : des migrants viennent renforcer la base ethno-électorale des politiciens originaires de leurs localités d'insertion, ou en constituer une au profit de leurs propres politiciens, de sorte que le potentiel de suffrages ethno-électoral des autres politiciens originaires s'en trouve amoindri. L'ethnicisation de toutes ces rivalités favorise l'instrumentalisation de la haine ethnique qui s'en déduit, et dont les accès de violence se traduisent par la création des milices tribales, mobilisées soit par tel opérateur économique, pour créer à son profit des monopoles d'accès aux produits naturels ou aux marchés divers ; soit par tel politicien pour désagréger ou démobiliser, au moyen de la violence ethnique, la base électorale d'un politicien rival, ou pour consolider la sienne propre en instrumentalisant la haine ethno-partisane comme adhésif psychologique[94].

Dans ce climat de tension ethnicisée, ceux dont les intérêts politiciens ou économiques sont contrariés par le flux migratoire des populations rwandophones ou paradoxalement servis par l'instrumentalisation de la haine et la phobie qu'il suscite, ont l'avantage d'une opinion publique sillonnée par le rapport de la « Commission Vangu » du HCR-PT et l'exploitation haineuse du *Rapport Mapping.* Ils y trouvent des soutiens et

[94] MORISHO Nene et al., *Mobilité des Hutu en Ituri, entre acceptation et méfiance,* Pole Institut, Goma, 2020 , pp.37-74

sympathies naïfs ou intéressés, en inscrivant ce flux migratoire et leur violence contre les migrants dans la perspective complotiste d'un envahissement du territoire national par les États voisins, en vue de sa *balkanisation.* La cartographie de ce plan d'envahissement met en relief les zones d'agglomération précoloniales des populations rwandophones dans les provinces du Kivu (Hauts plateaux du Sud-Kivu, plaine de la Ruzizi, Masisi et Rutshuru), et de leur implantation dans l'Ituri (Boga et Tchiabi).

2.3 L'instrumentalisation politicienne des effets de la violence résiduelle

En s'inscrivant dans cette perspective complotiste et rwandophobe, la violence ethnique et résiduelle, persistant dans les provinces de l'Est, se prête à une instrumentalisation politicienne de ses effets, sournoisement imputés aux populations rwandophones : elle mobilise, sur le registre émotionnel, des activistes et politiciens, moins convaincus qu'en quête de visibilité populaire, dans une campagne rwandophobe contre l'imminence d'une prétendue *balkanisation* du territoire national, profilée par la mobilité post-conflit de ces populations vers l'Ituri.

C'est ainsi que s'explique cette surréaliste croisade politicienne, entreprise à la suite des tueries de Beni[95] en décembre 2019, par le Cardinal Frigolin Ambongo au nom de l'Église catholique, ainsi que Martin Fayulu et Adolphe Muzito, au nom de Lamuka, principale plate forme de l'opposition politique. Pour remporter la *palme de la visibilité populaire* et se ménager un accueille triomphal dans une ville de Beni, gagnée par la rwandophobie, Adolphe Muzito déclara en effet avant d'y aller : « Il faut faire la guerre au Rwanda pour rétablir la paix dans la région. Le Rwanda influe sur la politique congolaise. L'Ouganda aussi. Nous ne pouvons faire la paix qu'en menaçant le Rwanda, en occupant son

---

[95]La ville de Beni, dans le Nord-Kivu, est le théâtre d'une vague de tueries d'un groupe armé terroriste, organe d'une mafia locale, se revendiquant comme une franchise de l'ex *Daesh*

territoire si possible[96]». Dans son message de nouvel an, fait à Kinshasa à son retour de Beni, Martin Fayulu remua à son tour cette fibre rwandophobe en ces termes : « les congolais de Beni sont convaincus, selon les témoignages que j'ai recueillis sur place, qu'il y a un plan bien ficelé d'occupation de Beni jusqu'au Haut-Uélé, en passant par l'Ituri. Cette partie de la RDC devrait être occupée par des populations qui seront emmenées de pays voisins » ; et il appela à une marche populaire, soit disant « pour pleurer nos frères tués à Béni et ailleurs, indignation pour exprimer notre désapprobation du plan de balkanisation de notre pays[97] ». De retour de Béni, le cardinal Ambongo, se voulant plus explicite, convoque la presse et interpelle l'opinion publique en ces termes : « Ce sont des actes réfléchis, planifiés (…). Le constat montre clairement que l'objectif de tous ces comportements c'est la balkanisation de notre pays (…). Cela se vérifie à travers le remplacement de la population déplacée par des populations généralement rwandophones ou ougandophones et cela se complique (…). Il appartient à notre gouvernement de déployer son arsenal diplomatique pour convaincre les pays voisins particulièrement l'Ouganda, le Rwanda et le Burundi d'arrêter de déverser ces populations au Congo[98] »

L'évêque du diocèse Bunia (capital de l'Ituri), monseigneur Dieudonné Uringi, agissant moins par souci pastoral de promouvoir de la cohabitation interethnique à la lumière de la doctrine sociale de l'Église catholique, que par ambition personnelle d'accéder à une notoriété et une visibilité populaire à l'échelle nationale, ponctue systématiquement ses prêches et ses lettres pastorales de clichés complotistes, incitatifs à la haine contre les migrants rwandophones ; par exemple, dans son homélie du 31 mai 2020, il déclare : « ces peuples banyabwisha qui viennent chez nous s'accaparer de nos terres, notre pétrole… c'est la cause de la guerre qui vient nous exterminer chez nous. Par malheur, ils utilisent les fils du territoire. La balkanisation, en commençant par l'Ituri et Nord-Kivu se planifie. Ils veulent faire de ça, un pays à part. La politique d'occupation est donc en marche ; c'est-à-dire les rwandais et autres étrangers viennent s'installer chez nous, explorer le pétrole

---

[96]www.mediacongo.net, « Rétablissement de la paix à l'Est : « il faut faire la guerre au Rwanda », article mis en ligne le 23 décembre 2019
[97]www.radiookapi.net« il y a un plan bien ficelé d'occupation de Béni », article mis en ligne le 31 décembre 2019
[98]www.rfi.fr , article mis en ligne 04 janvier 2020.

qui est dans le lac Albert… Ils veulent prendre sans nous. C'est une politique nationale et internationale[99] »

Dans l'ignorance collective ou de façon délibérée, l'agitation de cette imaginaire menace existentielle contre la nation crée un climat d'hostilité haineuse contre les pays voisins et des catégories ethniques nationales visées ; et elle induit contre ces dernières des actes de violence verbale et physique, enregistrés dans les hauts plateaux du Sud-Kivu, la plaine de la Ruzizi, et à Irumu, dans l'Ituri. Ces actes de violence ethnique, aujourd'hui dits de basse intensité, contiennent cependant un potentiel génocidaire, assorti d'une menace sécuritaire contre les États voisins visés ; ce potentiel dangereux pourrait à la longue, par un funeste hasard de circonstances, se réaliser et replonger toute la région des Grands Lacs dans une violence inouïe.

3 Le consensus national de la haine

L'idéologisation rwandophobe de l'épuration ethnique du patrimoine humain national semble bien se légitimer dans une sorte de *consensus national de la haine*, fondée sur une adhésion populaire hystérique, qui dissuade toute approche politique objective et lucide de cette violence locale résiduelle, qui assure aux poncifs de la rwandophobie la complaisance diplomatique, et qui rend inaudible et inutile toute suggestion de solution durable et radicale.

Par le rang social, la notoriété et l'audience populaire des poncifs mobilisés à l'échelle nationale pour la véhiculer, la rwandophobie devient un puissant adhésif populaire qui fonde une sorte de *consensus national de la haine* : chaque implosion de violence à l'Est est souvent un instant de communion nationale, où l'opposition, la société civile et la rue dénoncent les « occupants rwandais », en suscitant un tollé populaire contre la « trahison » ou la « lâcheté » des autorités gouvernementales. Ces dernières sont contraintes de faire profil bas, sinon céder à la manipulation politicienne pour ne pas laisser à l'opposition le

[99]www.la Prunellerdc.info, « massacre en Ituri », article mise en ligne le 1ier Juin 2020

monopole de cette indignation populaire *nationaliste,* convertible en suffrages électoraux. Les mêmes timidité et ambigüité déteignent le comportement de la diplomatie et des médias internationaux, dont les agents et les correspondants locaux préfèrent se mettre à l'abri d'une vague d'hostilité populaire, dangereuse pour leurs carrières personnelles en RDC, ou pour la légitimité locale des États et organismes mandants : très rares sont les notes, rapports et reportages qui dénoncent cette normalisation et utilisation à grande échelle du discours de la haine dans un pays post-conflit, bien qu'à travers plusieurs instruments, les Nations Unies l'identifie comme source et *carburant idéologique* de bien de conflits et des crimes de masse, et fait de leur éradication un aspect principal de la promotion de la paix, comme *bien public global.*

Dans ce *consensus national de la haine*, bénéficiant d'une complaisance diplomatique, toute suggestion d'approche rationnelle de la violence ethnique à l'Est de la RDC est brocardée dans l'opinion publique comme un signe de lâcheté ou de complicité avec les « occupants étrangers ». Ce qui, pour les politiciens, est un risque électoral dissuasif de toute démarche ou action politiques visant l'unique solution durable et radicale : assainir le discours politique de clichés incitatifs à la haine et les réprimer judiciairement en en faisant une cause d'inéligibilité, dévoiler le racinaire mafieux et politicien du système de violence local, de manière à bien faciliter son éradication à la base. On empêcherait ainsi toute amplification et toute instrumentalisation électoraliste des tensions socio-ethniques, naturellement liées à toute cohabitation interethnique.

4 Conception restrictive de la nouvelle règle constitutionnelle relative à la reconnaissance de la nationalité congolaise d'origine

L'idéologisation rwandophobe de l'épuration ethnique du patrimoine humain national se normalise dans la conception restrictive de la nouvelle règle constitutionnelle relative à la reconnaissance de la nationalité congolaise d'origine, caractérisée par une motivation et interprétation simplistes **(4.1)**, ainsi que par sa réduction à un cliché justificatif de l'épuration ethnique du patrimoine humain national **(4.2)**

4.1 Motivation et interprétation simplistes

La politisation de la haine ethnique au nom de la justice transitionnelle avait déteint les travaux d'élaboration de la Constitution sur la question de nationalité. L'option du DIC pour un critère inclusif de reconnaissance du droit à la nationalité congolaise d'origine fut battue en brèche par une motivation et une interprétation simplistes de la nouvelle règle constitutionnelle relative à la nationalité.

En effet, lors de l'élaboration de la Constitution du 18 février 2006, la question de nationalité pâtit de la mise en chantier post-conflit de l'idéologie de la haine à des fins électoralistes ; elle fit l'objet d'une approche superficielle et laconique, bien qu'ayant été la racine nucléique de tout le racinaire de la violence politico-ethnique ayant embrasé les Grands Lacs. Dans l'exposé des motifs de la Constitution, le constituant inscrit bien son élaboration dans une perspective post conflit de stabilisation définitive de la RDC ; mais il ne fait pas état d'une réflexion approfondie sur la problématique du droit à la nationalité congolaise d'origine, résultant de son traitement haineux, belligène et démagogique par la « Commission Vangu » du HCR-PT. La question fut ainsi passée par perte et profit, de sorte que, concernant son traitement, le constituant se défausse sur la souveraineté de l'État à refonder, et il se limite à l'affirmation des principes traditionnels d'unicité et d'exclusivité de la nationalité en ces termes : « En ce qui concerne la nationalité, le constituant maintient le principe de l'unicité et de l'exclusivité de la nationalité congolaise ».

À son article 10 alinéa 3 relatif à la reconnaissance du droit à la nationalité congolaise d'origine, la Constitution du 18 février 2006 reproduit les articles 14 de la Constitution de la Transition et 6 de la loi du 12 novembre 2004 énoncés ci-avant[100], mais elle opère une retouche restrictive élaguant le terme « natio-

[100] Voir ci-avant, Chapitre II, III, 2,2.2, 2.2.1

nalités ». Cette restriction est peut être due à l'imprécision ou la confusion sémantiques de ce terme, mais elle est symptomatique d'une nette intention politicienne de rupture avec la démarche inclusive du DIC, afin de préserver une base légale, justificative d'une éventuelle relance de l'épuration ethnique rwandophobe à des fins électoralistes.

Cette intention haineuse et épurative qui déteint le pouvoir constituant se traduit mieux, dans les milieux populaire et politicien, par une interprétation restrictive et exclusive de la règle constitutionnelle et légale de reconnaissance de la nationalité congolaise d'origine, exploitant le potentiel discriminatoire du critère de *souveraineté ou propriété territoriale ethnique*, tel qu'expliqué ci-avant[101]. Ce critère constitutionnel permet de stigmatiser les populations rwandophones comme « groupe ethnique sans terre ou colonisant les terres appartenant à des groupes ethniques autochtones », et donc ne relevant pas de la catégorie constitutionnelle (telle définie à l'article 10 alinéa 3) de « groupes ethniques dont les personnes et le territoire constituaient ce qui est devenu le Congo... »

4.2 Réduction à un cliché justificatif de l'épuration ethnique du patrimoine humain national

Dans la construction et la diffusion de la haine ethnique inspirée par la rwandophobie, ainsi que dans les actes de violence qui s'en déduisent, l'interprétation discriminatoire de la règle constitutionnelle de reconnaissance de la nationalité congolaise d'origine la réduit fonctionnellement à un *cliché justificatif* ; elle est ainsi dévoyée dans sa fonction sociopolitique de principe adhésif de la fondation humaine de l'État, et instrumentalisée pour la fragmentation haineuse de cette dernière.

En toile de fond des clichés haineux et complotistes véhiculés contre la présence des populations rwadophones en RDC, il y a une contestation systématique de leur droit à la nationalité congolaise d'origine, sur base du critère de propriété coutu-

[101] Voir ci-avant, Chapitre II, III, 2,2.2, 2.2.2

mière et ethnique des terres, déduit de l'article 10 alinéa 3 de la Constitution. L'instrumentalisation de ce critère fait de la *terre ancestrale* d'un groupe ethnique un enjeu existentiel, même pour se membres urbanisés et qui n'en dépendent pas économiquement ; et elle permet la politisation à l'échelle nationale d'un banal conflit foncier rural, en y impliquant, au-delà des villageois qui en dépendent pour leur survie, tous ceux qui veulent conserver leur droit à la nationalité d'origine contre ceux qui le leur dénie pour des raisons politiciennes.

Ainsi, au lieu d'être fonctionnellement un principe d'unification de différentes catégories tribales, ethniques et socioculturelles de la fondation humaine de l'État, la disposition constitutionnelle en question est instrumentalisée pour sa fragmentation haineuse ; elle constitue à la base de l'édifice sociopolitique, telle que structuré par la Constitution, une brèche par laquelle la haine s'introduit, se politise et s'efforce d'en extraire du *matériel humain* jugé indésirable, à coup d'actes explosifs menaçant la stabilité et l'équilibre du dit édifice.

Chapitre III : VERS L'HUMANISME MODERNE

Considérant le désastre sociopolitique auquel a conduit la conception passéiste, ethnique et épuratoire du droit à la nationalité congolaise d'origine, il faut sortir du passéisme haineux et reconcevoir ce droit dans une nouvelle perspective sociopolitique **(I)**, suivant la signification concrète de sa reconnaissance et en lui restituant sa vraie fonction sociopolitique **(II)**, dont on peut déduire un critère moderne de sa reconnaissance **(III)**

I UNE NOUVELLE PERSPECTIVE SOCIOPOLITIQUE

Par rapport à la perspective sociopolitique passéiste et haineuse telle qu'exposée ci-avant, la nouvelle signifie l'assomption de l'héritage colonial **(1)**, une perception moderne et juste du lien de nationalité d'origine **(2)**, qui modifie le rapport des politiciens au peuple **(3)**

1. Assomption de l'héritage colonial

Comme démontré ci-avant, le droit à la nationalité congolaise d'origine a été conçu sur fond d'un puissant ressentiment anticolonial ayant conduit au déni de l'héritage colonial, et idéologisé pour restaurer une nation ancestrale imaginaire, en alliant des ethnies et tribus habituellement hostiles les unes envers les autres. Quitte à empêtrer la RDC dans un double piège débilitant : la haine ethnique et la xénophobie. Pour en sortir, il faudrait assumer avec lucidité l'héritage colonial.

La loi sur la nationalité de 1981 couronnait une politique d'exorcisme contre les *démons* de la société coloniale, axée sur la restauration (imaginaire) et l'exaltation d'une *nation zaïroise*, considérée comme un héritage ancestrale. Sur les ruines du Congo belge, cette loi devait acter la rupture du lien adhésif de sa fondation humaine, telle que catégorisée par la charte coloniale, et restaurer la fondation humaine autochtone ou précoloniale de la nouvelle *nation ancestrale* par un alliage de vieux liens ethniques ou tribaux. Quitte à raviver les vielles hostilités et haines ancestrales et à l'épurer des éléments allogènes. La RDC s'effondra ainsi dans une spirale de violence po-litico-ethnique, ayant aspiré des pays voisins.

Pour conjurer définitivement le risque de cette violence politico-ethnique transfrontalière, dictée par la restauration, l'épuration et la défense d'une *nation ancestrale* imaginaire, il faut renouer avec la vérité historique du Congo belge et en assumer l'héritage humain, dans toutes ses catégories socioculturelles, telles que définies par sa charte coloniale[102]. Dans cette perspective successorale historique, ce legs colonial devrait être inventorié comme un actif humain produit par la conversion d'une même chaine d'asservissement au pouvoir colonial, en une même aspiration à la liberté offerte à tous par le nouvel État indépendant.

Ainsi, le droit à la nationalité congolaise d'origine devrait être conçu comme actant cette aspiration à la liberté unissant tous les individus soumis à la souveraineté coloniale sur le territoire du Congo belge et ayant le *droit de cité colonial*, sans référence à leurs origines ethniques ou tribales.

2 Une perception moderne et juste du lien de nationalité

Dans la vision passéiste, politicienne et électoraliste où s'est conçue, jusque-là, la règle de reconnaissance du droit à la nationalité congolaise d'origine, la nationalité est perçue comme un lien naturel dupliquant le lien de parenté clanique, tribale et ethnique. Il s'agit cependant d'un lien construit, induit par le processus historique de formation de l'État congolais moderne, ayant impliqué tous les individus établis sur son territoire durant la colonisation, sans considération de leur appartenance ethnique, tribale ou clanique.

Le peuplement précolonial du territoire de la RDC s'est fait d'abord par l'immigration des groupements disséminés ça et la, puis par leur scissiparité : ils s'y multipliaient en se divisant, au

[102]Voir ci-avant, Chap II, 1, 1.2, 1.2.2

grès de la dilatation du lien de parenté familiale qui fondait chacun d'eux. En plongeant dans ce passé précolonial pour définir le lien de nationalité comme refondant une mythique *nation ancestrale*, le constituant et le législateur le perçoivent comme une duplication des liens de parenté claniques, tribaux ou ethniques, unissant des individus dans des entités foncières et coutumières, disséminées çà et là sur l'immense territoire formé par l'EIC. Or dans tout lien de parenté, il y a une exigence de pureté sanguine et de protection égoïste du patrimoine ancestral. Lorsqu'on confond la nationalité avec un tel lien, une telle exigence nourrie la xénophobie, la méfiance et la haine ethniques, dont la politisation conduit à la stigmatisation et à la violence politico-ethniques.

Ainsi, la nationalité ne peut être raisonnablement confondue avec des liens de parenté claniques, tribaux et ethniques fondant les sociétés précoloniales ; c'est un lien construit durant le processus de formation de l'État congolais, entamé en 1885 et ayant brassé à l'intérieur du territoire national des indigènes qui y étaient établis, et aspiré à la marge des indigènes de colonies voisines. À travers les différents textes coloniaux relatifs à la nationalité et au statut personnel de leurs habitants[103], l'EIC, puis le Congo belge, ont dû soumettre à leurs souverainetés tous les indigènes, en raison de leur établissement sur le territoire conquis, sans considération de leurs origines ethniques ou de leurs lieux de provenance (concernant les immigrés)

Ainsi, l'État colonial avait socialement et juridiquement construit un nouveau lien entre lui et les habitants de son territoire. A l'indépendance, c'est ce lien sociojuridique colonial qui devrait logiquement être transformé en lien de nationalité entre ces derniers et le Congo indépendant.

[103] Voir ci-avant, Chap II, 1, 1.2

3 Nouveau rapport des politiciens au peuple

En détruisant le lien colonial construit entre le Congo belge et ses habitants, pour définir la nationalité en dupliquant les liens (naturels) de parenté clanique, tribale et ethnique, les politiciens se conforment logiquement à la perversion de leur rapport au peuple. Une modification vertueuse de ce rapport facilitera la rupture avec cette perception passéiste du lien de nationalité.

Projetés, dans un vide idéologique, aux commandes du nouvel État indépendant, les politiciens recoururent à la politisation du ressentiment anti-colonial qui tint lieu d'idéologie politique. La vie politique en RDC se réduisit dès lors à la surenchère nationaliste et à l'incitation au vote ethno-communautaire, qui tiennent lieu d'offre politique. Le patrimoine humain formé et légué par la colonisation, s'en trouve fragmenté en *bans et arrière-bans ethno-électoraux*, répartis entre politiciens et que chacun consolide et fidélise en les bornant sur sa frontière ethnique ou tribale ; ce qui, à l'échelle nationale, devait impliquer une conception ethnique et épuratoire de la nationalité congolaise d'origine. A toutes les échéances de refondation de l'État (la table ronde, la CNS et le DIC), ce stratagème électoraliste et politicien d'instrumentaliser les frontières ethniques du patrimoine humain national, pour s'assurer des suffrages électoraux, a toujours ainsi prévalu sur la nécessité et l'urgence politique de trouver une meilleure règle unificatrice de la fondation humaine de la RDC, en vue de fonder une démocratie conviviale.

Les politiciens devraient voir la population établie sur le territoire national, non comme une sorte de *cheptel électoral* divisible sur une base ethnique, mais comme un potentiel humain convertible en un peuple, pour assurer le développement du pays et le contrôle citoyen des institutions ; et la définition du droit à la nationalité congolaise d'origine s'en ressentirait positivement : elle serait plus inclusive et se prêterait moins à la manipulation politicienne et divisionniste.

II SIGNIFICATION CONCRÈTE DE L'ACTE DE RECONNAISSANCE D'UN DROIT À LA NATIONALITÉ D'ORIGINE

Pour mieux saisir ce que signifie réellement la reconnaissance d'un droit à la nationalité d'origine, il faut souligner le sens réel de l'acte **(1)**, ainsi que sa portée et sa finalité réelles **(2)**

1 Sens réel de l'acte

Le droit de nationalité n'est pas un concept juridique abstrait, pouvant servir à modeler une réalité démographique, mais un lien sociopolitique historiquement construit et liant le sort des individus au destin d'un État ; et sa reconnaissance par ce dernier ne consiste pas à en appliquer le concept théorique, mais à prendre acte de la réalité de ce lien. A la CNS, les participants sont cependant partis d'une définition théorique de la nationalité[104] pour justifier un ajustement absurde, à des arithmétiques ethno-électorales, du lien quasi séculaire et historique construit entre le Congo belge et ses *habitants.*

En effet, reconnaitre le droit à la nationalité signifie principalement pour un État moderne, à sa création: se saisir des individus effectivement et durablement établis sur le territoire qu'il hérite, en vue de les soumettre à sa *souveraineté personnelle* (par la définition de leur statut personnel, ainsi que de leurs droits et devoirs tant civils que politiques), et ce, sans distinction de race, d'ethnie ou de religion. Ces trois derniers critères identitaires peuvent être subsidiairement pris en compte en vue d'inclure facultativement ceux des individus non établis sur le territoire, mais dont les origines familiales et ethniques les rattachent à sa population.

Et pourtant, à la CNS tout comme au DIC, les participants s'étaient fourvoyés sur cette question en entreprenant superficiellement et tendancieusement une fouille doctrinale du concept de nationalité, en vue d'en trouver une définition dogmatique, permettant de tordre l'évidente réalité du lien historique

[104]Voir ci-dessus, chap. II, III, 1, 1.1, 1.1.1

construit entre le Congo belge et ses *habitants*, de manière à pouvoir en détacher certaines catégories ethniques incompatibles avec des visées politiciennes. Quitte à faire basculer la RDC dans la violence politico-ethnique.

2 Portée et finalité réelles de l'acte

Pour mieux saisir la portée et la finalité réelles de l'acte de reconnaissance d'un droit à la nationalité d'origine, il faut le considérer dans son sens positif **(2.1)** et dans son sens négatif, tel que conçu et pratiqué en RDC **(2.2)**

2.1 Dans son sens positif

Pour un État qui accède à la souveraineté nationale et internationale, reconnaitre le droit à sa nationalité d'origine implique la conversion du lien historique qui l'unit aux individus établis sur son territoire en un lien juridique de nationalité lui permettant de les marquer comme sa population constitutive, en vue de leur assurer l'accès exclusif ou préférentiel à des droits humains fondamentaux, dont l'exercice est nécessaire à son maintien et à son développement intégral.

Le marquage juridique d'une population comme élément constitutif d'un État se fait principalement à travers le *droit des personnes et de la famille*, sensé forger une identité nationale et une unité sociale par-delà les clivages ethniques ou religieux[105]. L'État édicte ainsi une même règle relative à la capacité et à l'état des individus qui acceptent le droit à sa nationalité reconnu, ainsi qu'à leur régime matrimonial, à leurs rapports familiaux, à la transmission successorale de leurs patrimoines et à leurs langues de communication nationales et officielles.

Par le lien juridique originaire qu'il crée avec les individus établis sur son territoire, l'État s'engage à leur assurer la jouissance exclusive des droits politiques et civils, c'est-à-dire le statut de citoyen impliquant les droits à la participation au fonc-

---

[105] François MASURE, « État et identité nationale, un rapport ambigu », in *Journal des anthropologues*, Hors-séries/ 2007, 39-50

tionnement de ses institutions, ainsi qu'à leur contrôle démocratique ; il leur assure aussi la jouissance préférentielle de certains droits sociaux et économiques.

En tant que condition d'accès préférentielle ou exclusif à des droits sociaux, culturels et économiques sur le territoire d'un État, la nationalité est un droit fondamental de base ou « droit d'avoir des droits[106].» Ceci est d'autant plus évident en RDC que l'accès à la plupart de droits sociaux et économiques y est restreint par l'exclusivité ou la préférence nationale: l'accès au marché de travail est restreint par la préférence nationale ; l'accès artisanal aux ressources naturelles est généralement un droit exclusif des nationaux ; le droit d'exercer une profession libérale est restreint par la préférence nationale ; et le droit d'exercer le *petit commerce* est restreint par l'exclusivité nationale. Il faut donc être congolais pour avoir plus facilement les moyens de se nourrir, de se loger et de se faire soigner, bref de vivre dignement sur le territoire de la RDC.

Dans sa portée et sa finalité ainsi précisées, la reconnaissance du droit à la nationalité d'origine est un acte prospectif qui permet à un État d'unir sa population constitutive, afin de réaliser la cohésion et la solidarité nationales, que nécessitent le fonctionnement harmonieux et la stabilité de ses institutions ; ainsi que d'assurer à chaque individu établi sur son territoire l'accès équitable aux droits nécessaires à sa survie et à sa contribution au développement du pays.

2.2 Dans son sens négatif tel que conçu et pratiqué en RDC

Prise dans son sens négatif, tel que conçu et pratiqué en RDC, la reconnaissance de la nationalité congolaise d'origine est un acte rétrospectif de privation massive et abusive de droits fondamentaux **(2.2.1),** compensé par une offre de naturalisation sélective et prohi-

---

[106]Commission Africaine des Droits de l'Homme et des Peuples, *Le Droit à la nationalité en Afrique*, www.achpr.org, (Étude réalisée par la Rapporteur spéciale sur les Réfugiés, les demandeurs d'asile, les personnes déplacées internes et les migrants en Afrique, conformément à la Résolution 234 du 23 avril 2013) p. 17

bitive **(2.2.2)**, et attentatoire à la paix sociale et la stabilité politique **(2.2.3)**

2.2.1 Acte rétrospectif de privation massive et abusive des droits fondamentaux

Telle que légalement conçue, la reconnaissance de la nationalité congolaise d'origine implique la déconstruction juridique du lien social historiquement construit entre l'État et des catégories ethniques d'individus, impliquées dans son destin par la colonisation et établies sur son territoire, de manière à leur priver massivement et abusivement de la jouissance de droits fondamentaux nécessaires à leur survie.

En instituant le critère d'ascendance tribale ou ethnique précoloniale comme base de reconnaissance de la nationalité congolaise d'origine, le constituant de 1964 a fondé un mouvement rétrospectif et négatif d'épuration xénophobe du patrimoine humain national, qui a abouti à la loi sur la nationalité de 1981 et à son application criminelle, sur base des recommandations de la Commission « Vangu » du HCR-PT, contenues dans son rapport[107]. Les réminiscences, dans l'opinion publique, de ce critère passéiste déteignent l'interprétation de la loi actuelle sur la nationalité, de manière à justifier la stigmatisation et l'exclusion persistantes des congolais issus de catégories ethniques traitées comme allogènes ou alluvionnées par l'occupation coloniale.

Considérant que le législateur fait de la nationalité congolaise une condition d'accès aux droits économiques et sociaux, essentiels à la survie de chaque individu établi sur le territoire national, un tel critère de reconnaissance de la nationalité congolaise d'origine implique une privation massive de ces droits au préjudice des individus stigmatisés, et leur condamnation définitive à la souffrance d'apatridie. L'apatridie signifie concrètement une situation de dénuement absolu, où un homme est privé de ses droits fondamentaux à la dignité et à la liberté.

[107] Voir ci-avant chap. I, III, 1, 1.6

2.2.2 Offre de naturalisation sélective et prohibitive

Pour se dédouaner des effets stigmatisants de la reconnaissance du droit à la nationalité congolaise d'origine, des politiciens évoquent la procédure de naturalisation comme une issue offerte par la loi aux individus affectés. Cette procédure est cependant si prohibitive qu'elle ne constitue pas une issue accessible, comme pourrait l'être un droit d'option.

En effet, par le droit d'option, un État qui accède à la souveraineté internationale offre généralement à ses habitants détenant les nationalités étrangères la faculté d'opter pour sa nationalité par une simple déclaration officiellement actée ou enregistrée au lieu de leur résidence[108]. Ce qui n'est pas le cas de la naturalisation, telle que règlementée par la loi sur la nationalité de 2004, reproduisant la procédure de celle de 1981. Il s'agit en effet d'une voie sélective et administrativement centralisée d'acquisition de la nationalité : elle est exclusivement ouverte « à tout étranger qui a rendu d'éminents services à la République Démocratique du Congo, ou à celui dont la naturalisation présente pour la République Démocratique du Congo un intérêt réel à impact visible[109]» ; et pour y accéder, l'impétrant doit faire enregistrer sa demande au *ministère de la Justice et Garde des sceaux* ; puis le ministre soumet le projet de décret présidentiel accordant la naturalisation à la délibération du Conseil des ministres, et enfin le Président de la République signe le dit décret, après *avis conforme* du Parlement[110].

Pour des individus issus des masses populaires généralement situées en milieux ruraux, où ils sont socialement réduits à des activités agro-pastorales de survie familiale, cette restriction personnelle et cette excessive centralisation administrative de la procédure de naturalisation induisent un coût administratif prohibitif. Un individu rwandophone *lambda* de Masisi ou des hauts plateaux du Sud-Kivu, ou un *Muzombo* vivant à Kisantu

[108] Tel que l'avait prévu l'article 9 du décret-loi du 18 septembre 1965 relatif à la nationalité congolaise, sus-évoqué

[109] Article 11

[110] Articles 11, 12, et 37 à 39

(province du Kongo-central) ne peut certainement pas se prévaloir « d'éminents services » rendus à la RDC, ayant « un intérêt réel à impact visible » ; par ailleurs, le coût de constitution et d'expédition du dossier de demande de naturalisation est certainement exorbitant pour un agriculteur ou un éleveur villageois.

2.2.3 Attentatoire à la paix sociale et à la stabilité politique

Pris dans ce sens négatif, la règle constitutionnelle et législative de reconnaissance de la nationalité congolaise d'origine est attentatoire à la paix sociale et à la stabilité politique de l'État ; elle se dénature en effet et crée une faille dans la fondation humaine historique de ce dernier, qui se traduit par des ruptures périodiques, rejetant des masses humaines déracinées et exclues, avec des répliques dans les pays voisins.

Plutôt que de resserrer le lien historique formé entre « ce qui est devenu le Congo » (c'est-à-dire le Congo belge) et les individus d'origines ethniques diverses, impliqués dans son destin, la règle de reconnaissance de la nationalité congolaise d'origine le desserre, de manière à en expulser des catégories ethniques d'individus désignées comme allogènes. Elle crée une faille ethnique dans la fondation humaine historique de la RDC, le long de laquelle elle se fissure et rejette des masses humaines à chaque échéance électorale ou politique majeure. Ce qui, signifiant une négation radicale des droits fondamentaux des individus rejetés, implique leur marginalisation, leur appauvrissement et leur avilissement.

Touchant un grand nombre d'individus au sein d'un État, une telle déchéance collective y creuse une béante plaie sociale où germent les agents des troubles sociopolitiques, ou ceux du terrorisme et du crime organisé. Il est en effet sociologiquement démontré que ces deux activités criminelles se construisent et se structurent sur la souffrance sociale, le sentiment de révolte et la quête de survie des masses d'individus exclus au sein d'un État.

Sans aucune justification rationnelle par rapport à la raison d'être d'un État, c'est-à-dire garantir la jouissance universelle et équitable des droits humains fondamentaux sur son territoire, une telle exclusion, telle que pratiquée à l'égards des populations congolaises rwandophones est souvent justifiée par des théories du complot qui les diabolisent, en travestissant leur présence en RDC en une « occupation étrangère », annonciatrice d'un « plan de balkanisation » voulu par le Rwanda, le Burundi et l'Ouganda.

La politisation de la haine suscitée contre ces pays, ainsi que les risques liés à l'afflux massif, sur leurs territoires, des populations stigmatisées, induisent logiquement un péril sécuritaire qui les incite à relever le niveau d'alerte de leurs services de sécurité pour des opérations préventives. Il en résulte un dangereux climat de tension diplomatique, que des politiciens démagogues trouvent propice à l'invention et la diffusion des phobies populaires, convertibles en suffrages électoraux et en violence xénophobe, dont le risque d'escalade hypothèque la stabilité politique du pays.

III CRITÈRES DE RECONNAISSANCE MODERNES

Pour concevoir, en les justifiant, les critères de reconnaissance modernes du droit à la nationalité congolaise d'origine , il y a lieu de considérer la double nécessité d'une identification claire et précise du patrimoine humain historique de la RDC et de son actualisation**(1)**, ainsi que celle d'un régime de preuve commode et rationnel du droit reconnu**(2)** ; de tenir compte de véritables enjeux de ce dernier **(3)** et des standards internationaux applicables **(4)**,et s'inspirer des exemples de leur application par d'autres « États successeurs » **(5)**, pour une modernisation du droit à la nationalité congolaise d'origine **(6)**

1 La double nécessité d'une identification précise du patrimoine humain historique de la RDC et de son actualisation

S'inscrivant dans le sens réel de la reconnaissance du droit à la nationalité d'origine, la réforme du critère constitutionnel et légal de reconnaissance de la nationalité congolaise d'origine devrait être une démarche rétrospective et rectificative, répondant à la double nécessité d'une identification précise du patrimoine humain historique de la RDC, et de son actualisation, rompant avec la logique politicienne de sa reconstitution épurative.

En matière de reconnaissance du droit à la nationalité d'origine d'un État moderne, la tradition historique[111] indique que la règle de droit ne crée pas le fait, mais c'est le fait qui crée le droit et le conditionne. En claire, une règle de reconnaissance de la nationalité ne vise pas à inventer une population, mais à identifier cette dernière par un critère indicatif des toutes les catégories d'individus durablement établis sur son territoire, et constituant son élément constitutif humain, justificatif de sa création en droit international public.

Partant de cette tradition historique et juridique, nous pouvons affirmer que la RDC ne s'est jamais dotée valablement d'une règle de reconnaissance du droit à la nationalité congolaise d'origine, et reconsidérer l'actuelle règle visant à reconstituer sa population autochtone, par l'épuration ethno-xénophobe de son patrimoine humain historique. Il faut donc une autre règle valable, qui permette l'identification rétroactive et intégrale de ce dernier, ainsi que son actualisation.

En claire, une telle règle devrait permettre de remonter au 30 juin 1960 pour identifier toutes les catégories d'individus constituant le patrimoine humain « de ce qui est devenu le Congo », et d'inclure des individus nés et vivant en RDC, de manière à s'enraciner dans son environnement social, culturel et économique.

[111] Induite par la plupart de Constitutions fondatrices des États modernes, issus de révolutions démocratiques et de la décolonisation.

2 Nécessité d'un régime de preuve commode et efficace du droit reconnu

Cette nécessité se ressent par rapport à l'incertitude du critère d'appartenance ethno-territoriale **(2.1)**, et au double risque de fraude massive et de privation arbitraire du droit à la nationalité d'origine qui s'en déduit **(2.2)**

2.1 Incertitude du critère d'appartenance ethno-territoriale

Un critère de reconnaissance d'un droit fondamental doit être assez clair et objectif, pour permettre aux bénéficiaires de s'en prévaloir aisément, par une preuve irréfutable de sa détention légitime et légale. Le critère d'appartenance ethno-territoriale, à la base de la reconnaissance du droit à la nationalité congolaise d'origine, est évidemment dépourvu de cette fonctionnalité.

En effet, suivant ce critère légal, la preuve du droit à la nationalité congolaise d'origine se fait actuellement par l'indication des origines ethno-territoriales de l'impétrant d'une carte d'identité[112], nécessaire à l'obtention d'un *certificat de nationalité*, requis pour l'accès à certaines professions. Dans un pays dépourvu d'un registre officiel de naissances fiable, une telle indication se fonde sur la foi d'une déclaration verbale et sur des données dont l'exactitude n'est pas aisément vérifiable.

Dans un tel déficit de régime probatoire, il est quasiment impossible ou difficile pour la RDC de procéder à une identification exacte de la population congolaise et de se doter d'un registre officiel y relatif, fiable. Il est donc nécessaire de refonder la reconnaissance du droit à la nationalité congolaise d'origine sur un critère objectif, dont on peut déduire des éléments de preuve de détention et de jouissance légales sensibles, immédiatement disponibles et facilement vérifiables.

[112] Voir ci-dessus, Chapitre II, III, 3, 3.2

2.2 Le double risque de fraude massive et de privation arbitraire

Étant d'une telle incertitude quant à la preuve de détention légale du droit à la nationalité congolaise d'origine qu'il fonde, le critère d'appartenance ethno-territoriale comporte un double risque de fraude massive et de privation arbitraire de ce droit, altérant le climat social par la suspicion générale et la frustration de nombreux individus.

À ses frontières, la RDC brasse des individus issus de tribus transfrontalières, dont les vieux liens de parenté et de solidarité claniques, tribaux ou ethniques ont survécu à la séparation géopolitique coloniale ; et il en aspire depuis l'époque coloniale, en raison des opportunités que chaque individu peut y trouver. Ces individus, venus de pays voisins, peuvent bien bénéficier de complicités claniques, tribales ou ethniques pour s'installer durablement sur le territoire national, et se retrouver dans la nécessité sociale d'accéder à la nationalité congolaise d'origine pour survivre ; il est ainsi possible qu'ils revendiquent l'appartenance à la partie de leur clan, tribu ou ethnie situés en RDC et y parvenir. Ceci implique un risque de fraude massive à la nationalité congolaise d'origine, face auquel l'actuel régime probatoire du critère d'appartenance ethno-territoriale est une barrière à clairevoie, franchissable grâce aux complicités parentales.

De ce risque de fraude massive et de cette inefficacité du régime probatoire du critère d'appartenance ethno-territoriale, il résulte logiquement un climat de suspicion générale d'infiltration extérieure du patrimoine humain national. Un tel climat est particulièrement propice à l'instrumentalisation politicienne et électoraliste des phobies incitatives à des actes de privation arbitraire du droit à la nationalité congolaise d'origine : des individus qui en remplissent le critère légal de reconnaissance peuvent cependant être privés de sa jouissance par une simple stigmatisation, ou par une difficulté matérielle d'en apporter une preuve irréfutable.

3 Véritables enjeux du droit à la nationalité congolaise d'origine

Pour concevoir le critère moderne de reconnaissance de la nationalité congolaise d'origine, il faut se départir des enjeux primitifs ou passéistes du critère d'appartenance ethno-territoriale **(3.1)**, et le refondé en considérant les véritables enjeux d'un droit à la nationalité d'origine d'un État moderne **(3.2)**

3.1 Enjeux primitifs ou passéistes du critère d'appartenance ethno-territoriale

Le critère d'appartenance ethno-territoriale, à la base du droit à la nationalité congolaise d'origine, obéit à des enjeux primitifs et passéistes, servant d'alibi à des enjeux actuels bassement politiciens et électoralistes.

Tel que conçu en 1964, réaffirmé en 1972, durci en 1981 et repris en 2004, ce critère d'appartenance ethno-territorial procède d'un imaginaire collectif rétrograde, fragmentant le territoire national en *possessions foncières ancestrales*, que les *ancêtres* défendaient farouchement contre toute pénétration étrangère, et devenue des *fiefs électoraux* après l'indépendance. L'enjeu ici a toujours été donc, tel qu'affirmé dans l'exposé des motifs de la loi sur la nationalité zaïroise de 1972[113], la protection de la sacralité de la *terre des ancêtres* et de la pureté des liens claniques, tribaux ou ethniques contre l'infiltration des étrangers ou des individus catégorisés comme allogènes, ou alluvionnés par l'occupation coloniale ou l'« occupation rwandaise »

Dans la réalité sociopolitique postcoloniale, il s'agit là évidemment d'un enjeu fictif et imaginaire, qui sert d'alibi à des enjeux électoralistes, tels que dévoilés par le discours politique relatif à l'application de la loi sur la nationalité zaïroise contre les populations rwandophones dans les Kivu, en 1993-1995[114]. Il s'agit pour les politiciens de légitimer l'épuration ethno-partisane de leurs *fiefs électoraux*, en amalgamant la loyauté parti-

[113] Voir ci-avant, Chap. II, II, 2

[114] Voir ci-avant, Chap. II, III, 1, 1.4

sane des individus envers un *leader politico-ethnique* et leur loyauté patriotique en vers les institutions républicaines.

3.2 Véritables enjeux de la reconnaissance du droit à la nationalité d'origine d'un État moderne

Pour un État moderne accédant à la souveraineté internationale, la reconnaissance de sa nationalité d'origine vise principalement à inciter à une citoyenneté active et éclairée, et à se doter d'un capital humain nécessaire à son développement **(3.2.1)** ; et pour les individus, l'enjeu se réduit à la survie et épanouissement individuels **(3.2.2)**

3.2.1 Citoyenneté et capital humain

Traditionnellement, la reconnaissance du droit à la nationalité d'origine d'un État qui vient de naître vise fondamentalement, pour cet État, la formation d'une citoyenneté active et éclairée, indispensable pour le fonctionnement de ses institutions, ainsi que d'un capital humain national, nécessaire à son développement intégral.

La citoyenneté ne procède pas logiquement d'une appartenance ethnique, mais d'une situation de fait : l'établissement durable d'un individu sur le territoire d'un État, c'est-à-dire en y possédant son domicile ou sa résidence habituelle, l'essentiel de ses biens, sa famille et son activité professionnelle ; comme telle, elle est à la fois l'avantage et l'enjeu principal de la reconnaissance du droit à la nationalité d'origine d'un État moderne. Par cette reconnaissance, ce dernier vise ainsi l'octroi aux individus durablement établis sur son territoire des *droits civiques* (droits de vote et d'éligibilité aux fonctions politiques, de participation à la vie publique et d'accès aux fonctions publiques), dont l'exercice ou la jouissance assure le fonctionnement démocratique de ses institutions.

En RDC, cet enjeu civique et politique se double d'un enjeu socio-économique pour les individus qui y sont régulièrement et durablement établis. L'essentiel des droits sociaux et économiques, que l'État congolais doit leur assurer, conformément à ses engagements internationaux résultant du *Pacte international relatif aux droits économiques, sociaux et culturels* de l'ONU, dépendent en effet de la jouissance de la nationalité congolaise. La reconnaissance de cette dernière devrait donc avoir comme enjeu principal : permettre l'accès équitable aux droits sociaux et économiques, afin d'impliquer tous les individus durablement établis en RDC, dans la création des richesses et la formation du capital humain national, indispensables pour son développement.

3.2.2 Survie et épanouissement individuels

Du point de vue de chacun des individus *durablement* établis sur le territoire d'un État naissant, la reconnaissance du droit à la nationalité d'origine de ce dernier vise le plein accès aux droits fondamentaux qui en découlent et nécessaires à sa survie et à son épanouissement individuels. La stigmatisation de certains d'entre eux, en raison du péril sécuritaire que représenterait leur allogénéité supposée ou réelle, relève purement d'un imaginaire phobique et complotiste pouvant dériver en une *prophétie auto-réalisatrice*.

En effet, à la base de la mobilité transnationale des individus, il y a principalement la quête du bien être personnel. Lorsqu'un individu décide de s'établir durablement sur le territoire d'un État en liant son sort au destin de ce dernier, il y aspire fondamentalement à la sécurité, à la liberté et à la paix, dans un environnement politico-institutionnel fiable et générateur de la foi en l'avenir. Une telle aspiration est logiquement convertible en une citoyenneté active, pleine et entière, au bénéfice du bon fonctionnement des institutions, et qui est l'enjeu fondamental du droit à la nationalité d'origine. La reconnaissance ou la revendication de ce dernier ne saurait donc avoir d'autre cause que la garantie du bien être individuel de chacun des individus établis durablement sur le territoire d'un État.

C'est uniquement dans un imaginaire phobique, d'invention complotiste et électoraliste, que le droit citoyenneté peut, par l'allogénéité d'une catégorie minoritaire d'individus qui le revendique, dégrader cette dernière en *matériel humain* dangereux ou corrosif pour l'intérêt existentiel d'un État au fonction-nement duquel elle participe. Pour des individus jouissant de tous leurs droits fondamentaux comme citoyens d'un État, se liguer contre ce dernier pour les intérêts d'un État, où remon-teraient leurs origines ancestrales, c'est agir contre leurs propres intérêts ; ce qui est évidemment une absurdité inconcevable dans un imaginaire sain et éclairé.

Mais en cas de stigmatisation prolongée et systématique, une telle absurdité peut bien se réaliser par *prophétie auto-réalisatrice.* Comme ce fut le cas de la stigmatisation des populations congolaises rwandophones, telle qu'officialisée en 1995 par la « Commission Vangu » du HCR-PT : longtemps stigmatisées, dépouillées et dégradées en *matériel humain* affecté à des prétendues visées ethno-hégémoniques du Rwanda, du Burundi et de l'Ouganda, ces populations finirent bien par se rebeller avec l'aide de ces pays, plus soucieux de prévenir la menace sécuritaire induite par la rhétorique ethno-xénophobe des officiels congolais. Cette rébellion a ainsi créé dans l'opinion publique une illusion justificative, a posteriori, de la prétendue félonie des congolais rwandophones.

4 Les standards internationaux applicables

Comme standards internationaux applicables du critère moderne de reconnaissance du droit à la nationalité d'origine, nous avons les principes de l'Union Africaine **(4.1)**, dont nous pouvons déduire les critères recommandés **(4.2)**

4.1 Les principes de l'Union Africaine

En vue de réduire le risque des conflits liés à la contestation haineuse de la nationalité en Afrique, ou se compliquant d'une telle contestation, l'Union Africaine (UA), rejoignant l'Organisation des Nations Unies, *fondamentalise* expressément le droit à la nationalité et propose à ses États membres de le redéfinir sur base d'un critère inclusif et objectif.

En effet, l'UA s'inspire du *projet d'articles de la Commission du Droit International de l'ONU sur la Nationalité des Personnes physiques en relation avec la succession d'États*, sus-évoqué, et recommande, via sa Commission Africaine des Droits de l'Homme et des Peuples, à ses États membres un *protocole additionnel à la Charte africaine des droits de l'homme et des peuples portant sur le droit à la nationalité*[115], devant contenir entre autres principes :

- « Les États africains ont l'obligation de faire en sorte que toutes les personnes jouissent du droit à la nationalité sans discrimination d'aucune sorte, notamment celle fondée sur le sexe, la race, la religion, l'appartenance ethnique, le handicap, la situation sociale ou autre, et que nul ne soit privé de sa nationalité ou se la voir refuser ou nier sur la base de motifs discriminatoires »
- « Toute personne a le droit à la nationalité du pays dans lequel elle est née, à sa naissance ou suite à un séjour dans le pays pour une période déterminée et, au moins, à sa majorité (en tenant compte des exceptions prévues par le droit international relatives aux enfants des diplomates ou personnes assimilées) »
- « En cas de succession d'États, les personnes ayant la nationalité de l'État prédécesseur devraient avoir la possibilité de choisir la nationalité de l'un des États successeurs où elles ont les meilleures attaches, et en l'absence d'une telle option, devraient être attribuées la nationalité du pays où elles ont leur résidence habituelle. Dans tous les cas, elles doivent, au moins, avoir le droit à la nationalité de l'un des États successeurs ».

Presque tous ses États membres étant issus de la décolonisation, donc étant des « États successeurs », l'UA leur recommande de mettre leurs lois sur la nationalité au diapason des principes ci-dessus, déduits du caractère fondamental qu'elle confère au droit à la nationalité d'origine, reconnu à toute personne légalement établie sur les territoires leur légués par les « États prédécesseurs »

---

[115]Commission Africaine des Droits de l'Homme et des Peuples, op. cit, pp. 53-55

4.2 Critères recommandés

De ces principes de l'Union Africaine, il se déduit une recommandation d'application principale des critères de domicile ou résidence habituelle **(4.2.1)**, de jus soli et de possession d'état de nationalité **(4.2.2),** sauf la faculté de les accommoder avec l'application complémentaire du critère d'appartenance ethnique pour plus d'inclussivité **(4.2.3)**

4.2.1 Recommandation d'application principale du critère de domicile ou résidence habituelle

Il ressort des principes ci-dessus de l'UA la recommandation faite à chacun de ses États membres, en tant qu' « État successeur », de redéfinir le droit à sa nationalité d'origine, de manière à le déduire principalement de la seule évidence réelle du lien entre une personne physique et un État moderne : le *domicile principale* ou la *résidence habituelle.* L'application de ce critère plus inclusif vaut davantage pour la RDC, dont la nationalité conditionne l'accès à presque tous les droits humains fondamentaux.

Le domicile ou la résidence habituelle est le lieu où une personne est principalement établie en raison de ses intérêts sociaux et familiaux et, éventuellement, professionnels, de sorte qu'il y réside habituellement ou qu'il y revienne régulièrement[116]. Sur base de ce critère ainsi défini, un individu né sur un territoire donné, qui s'y installe en y fondant une famille et une carrière professionnelle, a un droit fondamental à la nationalité de l'État qui se constitue sur ce territoire. Suivant qu'il a une autre nationalité ou n'en a pas, il exerce ce droit par option ou en y accédant d'office, du simple fait de la loi.

Dans les pays où, comme la RDC, la nationalité est une condition d'accès aux droits sociaux et économiques, nécessaires à la survie d'un être humain, ce critère de *domicile principal* procède d'une option tout aussi raisonnable qu'humaniste : en s'y

[116] Articles 161-163 du code civil, livre I : la famille.

fondant, le droit à la nationalité d'origine trouve sa source matérielle et sa preuve irréfutable dans la concentration des intérêts affectifs, professionnels et sociaux d'un individu sur le territoire où se constitue l'État et le lui reconnait obligatoirement, car il s'agit d'une condition de son épanouissement individuel.

4.2.2 Le *jus soli* et la possession d'état

De ces principes de l'UA, nous pouvons également déduire les critères de *Jus soli* et de *possession d'état* de ressortissant d'un pays comme justificatifs de la reconnaissance du droit à la nationalité d'origine de ce dernier. Ce droit puise son évidence et sa preuve irréfutable dans les éléments de définition de ces critères.

Le *Jus soli* ou droit du sol est la règle de droit portant reconnaissance ou attribution de la nationalité d'origine d'un « État successeur » du simple fait d'être né sur son territoire. Dans ce cas, tous les individus qui y sont nés avant son indépendance, de sorte que leurs naissances y furent enregistrées comme étant ressortissants ou résidants (ayant une autre nationalité) de la Colonie ou du Protectorat qu'il était, acquièrent d'office ou par option sa nationalité d'origine ; celles qui y naissent après l'indépendance l'acquièrent également d'office et y accèdent effectivement ainsi qu'aux autres droits fondamentaux y afférents, après l'enregistrement de leurs naissances.

La possession d'état de ressortissant d'un pays est la situation d'une personne, qui sans avoir la nationalité de ce pays, ou le droit de l'avoir suivant les formes légales, ou sans pouvoir en prouver légalement la détention, est pourtant généralement traité et réputé comme ayant ou devant avoir ces droits, et jouit publiquement de tous les droits qui en découlent. Il s'agira ainsi de la situation de toute personne qui, sans être légalement ressortissant d'une Colonie ou d'un Protectorat devenu indépendant, y a pourtant fixé de façon stable le centre de ses intérêts sociaux, de manière à se comporter et à être traité comme tel par son entourage privé et l'autorité publique précédente ; il s'agira également de la situation des individus établis dans les mêmes conditions sur le territoire d'un État après son indépendance.

Les personnes jouissant de la possession d'état de ressortissant d'un pays peuvent en acquérir légalement et officiellement la nationalité d'origine par une simple déclaration faite devant l'autorité publique, attestant des éléments constitutifs de la situation de fait y donnant droit (dans le cas d'un État qui accède à la souveraineté internationale), ou de sa jouissance de fait (dans le cas d'un État déjà indépendant)

4.2.3 Faculté d'application complémentaire du critère d'appartenance ethnique

Si dans ses principes énoncés ci-avant, l'UA tend à obliger ses États membres à ne pas recourir aux critères discriminatoires d'ordre ethnique pour la reconnaissance du droit à la nationalité, ce critère peut cependant être appliqué pour plus d'inclussivité, au-delà de la portée des critères recommandés. Aussi les États ont-ils en pratique la faculté d'y recourir dans ce sens.

Dans son fonctionnement, un empire colonial dispersait et brassait des indigènes sur l'ensemble des territoires conquis, de manière à les établir dans ses colonies autres que celles où se trouvent leurs terres ancestrales. Une Colonie qui accède à l'indépendance est ainsi obligée de reconnaitre la nationalité d'origine de l'État qu'elle devient à tous les individus établis sur son territoire, sur base principalement du critère de domicile ou de résidence ; elle n'enfreindrait cependant pas les principes de l'UA si, par ailleurs, elle recourt aux critères ethnique ou racial, pour étendre sa nationalité aux individus issus de ses communautés autochtones, mais établies dans d'autres colonies ou ailleurs.

Ainsi, ces individus peuvent se voir reconnaitre, sur base du critère ethnique ou racial, le droit à la nationalité d'origine de l'État héritant du territoire où se situe leur communauté ethnique précoloniale. Ils exerceraient ce droit soit d'office, s'ils n'ont pas la nationalité de l'État où ils sont établis ; soit par option, ou en venant s'établir sur le territoire de l'État dont relève leur communauté ethnique ancestrale.

5 Exemples d'application par d'autres « États successeurs »

Dans la tendance dominante d'application par les « États successeurs » du critère moderne de reconnaissance de la nationalité d'origine, nous relevons ceux recourant uniquement aux critères modernes **(5.1)**, et ceux associant ces critères et celui d'appartenance ethnique ou raciale **(5.2)**

5.1 « États successeurs » recourant uniquement aux critères modernes

À titre d'exemple, nous pouvons mentionner ici la Zambie **(5.1.1)** et le Sénégal **(5.1.2)**

5.1.1 La Zambie

A son accession à l'indépendance le 24 octobre 1964, la colonie britannique de *Rhodésie du Nord* devint *République de Zambie*, et elle définit sa nationalité sur base du critère du domicile ou de résidence habituelle, de manière à inclure toutes les catégories ethniques et raciales de son patrimoine humain, tel que formé durant la colonisation en brassant des individus issus de toutes les colonies britanniques (principalement celles d'Afrique Australe) ou d'ailleurs, avec ceux issus de tribus autochtones de son territoire.

En effet, la Constitution du 23 octobre 1964 de la *République de Zambie* stipule à ses articles 3 alinéa 1ieret 4 alinéa 2 :

- « toute personne qui, étant né dans l'ancien Protectorat de la Rhodésie du Nord, est, à la date du 23 octobre 1964, une « *personne sous protection britannique*[117] », deviendra un citoyen Zambien à la date du 24 octobre 1964 »

---

[117]Traduction française de « british protected personne », il s'agit du statut personnel des individus vivant dans les protectorats de l'Empire britannique, sans avoir la citoyenneté ou la nationalité de ce dernier.

- « sous des dispositions du présent article, toute personne qui, le 23 octobre 1964, est citoyen du Royaume-Uni et des colonies, citoyenneté acquise par naturalisation ou enregistrement dans l'ancien protectorat de la Rhodésie du Nord, en vertu de l'Acte de nationalité britannique de 1948, aura droit, après en avoir fait une demande conformément à la loi, d'être enregistré comme citoyen zambien »

Ainsi, établie sur un territoire dont le peuplement précolonial comporte plusieurs tribus autochtones, la République de Zambie définit la citoyenneté zambienne par conversion du *droit de cité colonial* de la *Rhodésie du Nord*, en ignorant les autochtonies tribales précoloniales ; elle offre, par ailleurs, cette citoyenneté à tous les individus de nationalité britannique ou relevant des autres colonies britanniques, et établis comme tels sur son territoire au moment de l'indépendance.

5.1.2 Le Sénégal

Issu du démembrement de l'Afrique Occidentale Française (AOF), qui regroupait des colonies françaises de l'Afrique de l'Ouest, et dont sa ville de Dakar était la capitale, le Sénégal accéda à indépendance en 1960 et définit sa nationalité sur base des critères de *jus soli*, du domicile principal et de possession d'état. Il assuma ainsi son passé colonial, en tant que principal lieu de brassage des indigènes venant des autres colonies de l'AOF, avec les peuples autochtones de son territoire.

À son article 1ier, la loi n°61-10 du 7 mars 1961 déterminant la nationalité sénégalaise stipule :

> « Est sénégalais tout individu né au Sénégal d'un ascendant au premier degré qui y est lui-même né.
>
> Est sensé remplir ces deux conditions celui qui a sa résidence habituelle sur le territoire de la République du Sénégal et qui a eu de tout temps la possession d'état de sénégalais.
>
> La possession d'état, dans le sens du paragraphe précédent consiste dans le fait pour celui qui s'en prévaut :
>
> > 1°De s'être continuellement et publiquement traité comme tel par la population et les autorités sénégalaises ;

2°D'avoir été continuellement et publiquement traité comme tel par la population et les autorités sénégalaises. »

Tenant compte de véritables enjeux (tels qu'exposés ci-avant[118]) de la reconnaissance du droit à la nationalité d'origine d'un État moderne, l'État sénégalais reconnait la sienne sur base de tous les critères recommandés. Ceci procède certainement du souci primordial d'assumer de la façon la plus inclusive possible le patrimoine humain hérité de l'AOF, et sans allusion discriminatoire et funeste à l'appartenance de certains de ses habitants aux tribus ou ethnies autochtones de son territoire. Il évite ainsi d'ethniciser sa citoyenneté, d'antagoniser les rapports politiques sur une base ethnique et, partant, de restituer le pays aux vielles rivalités ethniques précoloniales, sur fond de xénophobie.

5.2 « États successeurs » associant les critères modernes et celui d'appartenance ethnique

Parmi les « États successeurs » qui fondent la reconnaissance du droit à la nationalité d'origine sur les critères modernes et celui d'appartenance ethnique, nous pouvons citer le Soudan du sud **(5.2.1)**, le Rwanda **(5.2.2)** et le Tchad **(5.2.3)**

5.2.1 Le Soudan du sud

Lorsqu'en 2011, il accède à l'indépendance en se séparant de la République islamique soudanaise, le Soudan du sud se dota de la loi sur la nationalité du 7 juillet 2011, pouvant induire un modèle de définition du droit à la nationalité d'origine, fondé sur les critères modernes, complétés par un critère d'appartenance ethnique non exclusif, mais bien inclusif.

En effet, au paragraphe (c) de son article 10, cette loi sur la nationalité reconnait le droit à la nationalité d'origine du Sou-

[118]Chap. III, III, 3, 3.2

dan du sud, à la date de son accession à la souveraineté nationale et internationale à :

- « la personne dont l'un des parents, grands-parents ou arrière-grands-parents est né sur le territoire du Soudan du sud, ou qui appartient à l'une des communautés ethniques autochtones du Soudan du Sud »
- « la personne (ou dont les parents) qui a résidé permanemment sur le territoire du Soudan du Sud depuis le 1 janvier 1956 »

Ainsi, le nouvel État assume l'évolution historique du peuplement de son territoire, en y actant la présence des individus issus des territoires voisins, et dont le sort est lié à son destin, de manière à leur assurer l'accès équitable aux droits humains fondamentaux. Il fonde ainsi la reconnaissance de la nationalité sud-soudanaise d'origine en combinant toutes les attaches possibles à son histoire : la filiation avec toute personne née sur son le territoire ou y ayant résidé depuis la fin de l'occupation anglo-égyptienne, la résidence permanente depuis cette date, et l'appartenance à une de ses ethnies autochtones. Ce dernier critère n'est ni exclusif ni préférentiel, mais plutôt inclusif de tous les individus ne résidant pas sur le territoire, y ayant leurs origines ethnique.

5.2.2 Le Rwanda

Le Rwanda est l'une de rares entités monarchiques précoloniales à n'avoir pas été diluées dans un empire colonial multiethnique. Érigé en protectorat allemand puis belge, dans les limites de son territoire et de sa population d'avant la colonisation, il recouvre son indépendance en 1960, et devint une république démocratique. Il reconnait alors sa nationalité d'origine sur base de la filiation avec les régnicoles de la monarchie, et de la possession d'état de rwandais incluant les ressortissants des pays limitrophes établis sur son territoire.

Ainsi à la fondation de la république du Rwanda, sa loi sur la nationalité[119], c'est-à-dire la loi du 28 septembre 1963 portant code de la nationalité rwandaise[120] stipule à son article 1 :

> « Est Rwandais tout individu né d'un père rwandais ou dont la possession d'état de Rwandais est établie.
>
> La possession d'état de Rwandais consiste à se comporter et à être traité continuellement et publiquement comme citoyen du Rwanda par les autorités et les populations de ce pays ».

Et à son article 31 :

> « Sont Rwandais les ressortissants des pays limitrophes établis au Rwanda depuis 15 ans au moins à la date d'entrée en vigueur de la présente loi s'ils ont, conformément à l'article premier du présent code, la possession d'état de Rwandais et renoncent à leur nationalité d'origine ».

Ainsi, accédant à l'indépendance par et avec le territoire et la population constitutifs de la monarchie précoloniale, la République du Rwanda avait reconnu sa nationalité d'origine par filiation paternelle rattachant le bénéficiaire à sa population traditionnelle, c'est-à-dire les *régnicoles* de cette monarchie abolie. Il tint cependant compte de véritables enjeux de cette reconnaissance[121], en incluant dans son patrimoine humain des ressortissants des pays limitrophes, établis sur son territoire durant la colonisation.

5.2.3 Le Tchad

Issu de *l'Afrique Équatoriale Française*, le Tchad accède à l'indépendance en 1960 et établit sa nationalité d'origine par rattachement à sa population indigène, telle que définie par le code de l'indigénat de l'empire colonial. Ce critère de rattachement est cependant assoupli par celui de *Jus soli* et de la pos-

---

[119]Après cette première, il y a eu la loi organique n°29/2004 du 03/12/2004 portant code de la nationalité rwandaise, ainsi que la loi n° 30/2008 du 25 /07/2008 portant code de la nationalité rwandaise, en vigueur actuellement. Bien que la première ayant été abrogée, la nationalité rwandaise d'origine acquise suivant ses dispositions est reconnue par cette dernière.

[120]https://www.refworld.org

[121]Tels qu'exposés ci-avant, Chap. III, III, 3, 3.2

session d'état de tchadien, permettant d'inclure les individus nés au Tchad et ceux de souche africaine issus d'autres colonies, établis sur son territoire et assimilés à une de catégories ethniques de la population tchadienne.

Le code de l'indigénat[122] de l'empire colonial français catégorisait les ressortissants de ses différentes colonies suivant un critère d'appartenance ethno-territoriale, rattachant juridiquement chacun au *territoire colonial* où est établie son ethnie. C'est sur base de ce critère que la République du Tchad définit sa nationalité d'origine par rattachement à sa population indigène, constituée de groupes ethniques autochtones du *territoire colonial* qu'elle hérite ; elle définit donc sa nationalité d'origine en ces termes des articles 9 et 10 de l'ordonnance du 14 août 1962, portant code de la nationalité tchadienne[123] :

« Son Tchadiens :

1° Les enfants légitimes ou naturels nés de deux parents tchadiens ;

2° Les enfants légitimes ou naturels nés au Tchad d'un ascendant tchadien ;

3°Les enfants légitimes ou naturels nés à l'étranger d'un ascendant tchadien ; en ce dernier cas, toute fois, les intéressés pourront, lorsqu'ils auront atteint l'âge de dix-huit ans, opter pour la nationalité de leur pays d'origine, à la condition que la législation de ce pays les y autorise »

Cependant, ce critère d'appartenance à sa population autochtone ou souche est assoupli par la règle de *jus soli,* reconnaissant la nationalité d'origine du Tchad à des individus nés sur son territoire, en ces termes de l'article 12 de l'ordonnance en question :

« Les enfants nés au Tchad de parents étrangers ; toutefois ils peuvent, si les deux ascendants ont la même nationalité, opter pour cette nationalité ; ce droit d'option ne peut s'exercer que si la législation du pays dont les ascendants sont les nationaux le permet »

---

[122] Le code de l'indigénat est la règle de droit applicable dans les Colonies françaises et y régissant le statut personnel des indigènes. Il fut aboli en 1946.

[123] Journal officiel de la République du Tchad, 1ier septembre 1962, p. 667 et s.

Par ailleurs, tenant essentiellement compte des individus originaires de pays limitrophes, établis sur son territoire et apparentés ou assimilés aux groupes ethniques autochtones, le Tchad leur reconnait sa nationalité d'origine par possession d'état tchadien, et ce, en ces termes de l'article 14 alinéa 1ier de l'ordonnance en question :

> « Sont considérés comme tchadiens les particuliers de souche africaine qui ont depuis quinze ans la possession d'état de tchadien.
>
> La possession d'état dans le sens du paragraphe précédent consiste dans le fait, pour celui qui s'en prévaut :
>
> 1°D'être de notoriété publique pleinement assimilé à une communauté vivant habituellement sur le territoire de la République ;
>
> 2° D'avoir été et de continuer d'être publiquement traité comme tchadien par la population et les autorités tchadiennes ;
>
> 3° D'être de bonne vie et mœurs »

Ainsi, la république du Tchad tient compte de l'évolution coloniale de son peuplement, en vue de pouvoir assurer à tous les individus établis sur son territoire l'accès aux droits humains fondamentaux, tels que reconnus dans des instruments internationaux.

6 La modernisation de la nationalité congolaise d'origine

La modernisation de la nationalité congolaise d'origine est une démarche à éclairer préalablement par la précision de son contexte actuel et immédiat **(6.1)**, ainsi que par la distinction entre l'autochtonie et la nationalité congolaise d'origine **(6.2)**, pour mieux justifier les nouveaux critères de reconnaissance de cette dernière **(6.3)**

6.1 Précision du contexte actuel et immédiat

Il s'agit d'un contexte marqué par la nécessité de rationaliser les opérations d'indentification de la population **(6.1.1)**, et par le risque de leur dévoiement funeste **(6.1.2)**, ainsi que par la faible attractivité de la nationalité congolaise **(6.1.3)**

6.1.1 Nécessité de fiabiliser et de rationnaliser les opérations d'identification de la population

La modernisation du critère de reconnaissance du droit à la nationalité congolaise d'origine est dictée par la nécessité de rationnaliser et de fiabiliser l'imminent projet gouvernemental d'identifier la population de la RDC, tel que confié à l'*Office National d'Identification de la Population* (ONIP). S'agissant particulièrement de reconstituer le patrimoine humain national, cet établissement public devrait se fonder sur une règle d'identification des nationaux, dont on peut déduire un critère rationnel et fiable par rapport aux enjeux et à la réalité présents.

Par le *décret n° 011/48 du 3 décembre 2011*[124], la RDC s'est dotée de l'ONIP chargé (suivant l'article 3) de « l'identification systématique et effective de la population ; la constitution et l'entretien du fichier général de la population ; la délivrance de la carte d'identité nationale et d'autres imprimés produits à partir de la base de données du fichier général de la population ... ». Pour un pays sans registre des populations et d'État-civil fiable, l'enjeu est bien de redéfinir son patrimoine humain actuel et d'en maitriser les évolutions futures. Il faudrait pour ce faire recourir à un système déclaratif des origines ethno-territoriales de chaque habitant de la RDC, suivant l'actuel critère constitutionnel et légal de reconnaissance de la nationalité congolaise d'origine.

Ainsi que nous l'avons relevé ci-avant, l'efficacité et la crédibilité de ce système déclaratif pâtissent de l'incertitude du critère d'appartenance ethno-territoriale et du double risque de fraude massive et d'exclusion arbitraire[125]. Le patrimoine humain national produit par un tel système confus et épuratoire serait sujet à des controverses politiciennes et des fragmentations

---

[124]Décret n° 011/48 du 3 décembre 2011 portant création et fixation des statuts d'un Établissement public dénommé « Office National d'Identification de la Population », « ONIP » en sigle (J.O de la RDC, du 15 février 2012, n°4)
[125]Chap.III, III, 2, 2.2

haineuses, mettant à rude épreuve sa cohésion et son unité réelles. Il requiert donc une règle fondant sa redéfinition sur base d'un critère objectif, rationnel, et qui soit inclusif de tous les individus enracinés dans l'environnement social, économique, culturel et politique de la RDC.

6.1.2 Le risque de dévoiement funeste des opérations d'identification de la population

Dans l'opinion publique, la création de l'ONIP est principalement associée à la question de fiabilisation et de rationalisation du processus électoral, de sorte qu'elle en est réduite à la nécessité d'instituer un fichier électoral permanent et épuré de tous les individus que des politiciens stigmatisent comme « étrangers » ou « infiltrés ». L'opérationnalisation de cet Établissement s'inscrit ainsi dans une perspective réductrice et électoraliste, où elle risque d'être dévoyée et réduite à une opération d'arithmétique ethno-électorale, funeste pour la cohésion nationale et la stabilité de l'État.

Telle que vulgarisée actuellement à des fins électoralistes, la mise en place de l'ONIP devrait donner une réponse définitive à la fameuse question du Président Mobutu, ayant incité à une épuration tribale et xénophobe du patrimoine humain national : « qui est zaïrois et qui ne l'est pas ?[126] ». Dans cette perspective purement démagogique, le patrimoine humain national à produire serait moins un facteur de développement national qu'un simple facteur électoral pour des politiciens, dont la productivité est fondée sur une l'instrumentalisation de l'appartenance ethno-territoriale des électeurs, qui aussi le critère de reconnaissance de la nationalité congolaise. Il en résulte le risque d'une récupération politicienne et électoraliste des opérations d'identification de la population, les réduisant à des opérations d'arithmétique ethno-électorales, stigmatisant des catégories ethniques d'électeurs, comme du *bétail électorale* importée de pays étrangers par des adversaires politiques.

[126] Voir ci-avant, Chap II, II, 5, 5.1

Il est évident qu'une telle perversion électoraliste des opérations de l'ONIP saperait la fondation humaine actuelle de l'État, mais elle trouverait paradoxalement une justification constitutionnelle et légale (comme le rapport de la « Commission Vangu » du HCR-PT), en opérant comme une *exigence démocratique* de « *l'application rigoureuse* » du critère d'appartenance ethno-territorial, tel que consacré légalement pour la reconnaissance de la nationalité congolaise d'origine.

Donc, il faut une nouvelle règle de reconnaissance de la nationalité congolaise d'origine, qui soustraie la constitution du patrimoine humain national de toute supputation haineuse et électoraliste, et la recentre sur ses véritables enjeux : assurer l'unité et la cohésion nationales par l'accès équitable de tous les individus aux droits fondamentaux, découlant logiquement de leur enracinement dans l'environnement social, culturel, économique et politique de la RDC.

6.1.3 La faible attractivité de la nationalité congolaise

Dans l'opinion publique, la conception épurative et restrictive de la nationalité congolaise d'origine est légitimée par une surestimation imaginaire de son attractivité économique, fondée sur la confusion entre son critère d'appartenance ethno-territorial et la *propriété ancestrale* des *richesses du sol et du sous-sol* de la RDC ; elle est pourtant d'une bien faible attractivité, par rapport à ses véritables enjeux, et elle n'a d'intérêt que pour les individus réduits à un effort de survie immédiate sur le territoire de cette dernière.

Tels qu'évoqués ci-avant, l'exposé des motifs de la loi sur la nationalité de 1981, le rapport de la « Commission Vangu » du HCR-PT et la rhétorique xénophobe actuelle contre la prétendue *balkanisation* se rejoignent dans une même préoccupation conspirationniste de conjurer une maléfique convoitise étrangère des ressources du sol et sous-sol de la RDC, « héritées des ancêtres ». L'appartenance ethno-territoriale comme critère de la reconnaissance de la nationalité congolaise et le durcissement des conditions de son acquisition viseraient donc à empêcher les populations venues de pays voisins de l'acquérir et de partager indûment la *propriété ancestrale* des richesses du sol et du sous-sol congolais, au profit de leurs pays d'origine et des « multinationales ».

Dans cet imaginaire complotiste l'associant à la *propriété ancestrale et ethnique* du sol et du sous-sol de la RDC, la nationalité congolaise d'origine acquiert une telle attractivité socioéconomique que toute proposition d'assouplissement raisonnable des conditions pour y accéder serait délégitimée ; et elle pourrait être une opportunité électoraliste pour tout politicien fourbe et impolitique, qui l'instrumentaliserait comme épouvantail d'une ruée massive des populations étrangères des pays voisins vers la RDC, de manière à susciter une immense phobie populaire, convertible en une popularité tout aussi immense et en suffrages électoraux.

Et pourtant, réduite aux enjeux réels d'un droit de nationalité, la nationalité congolaise n'est pas aussi attractive, en raison de l'incapacité de l'État congolais à exécuter ses obligations d'assurer la jouissance des droits fondamentaux individuels qui en découlent. La perte de foi en une nationalité congolaise efficace et efficiente est la chose la mieux partagée par tous les congolais : tous les politiciens qui accèdent aux avantages du pouvoir expatrient leur progéniture vers les démocraties occidentales plus sécurisantes ; le « *voyage* » vers un pays occidental est au cœur des prières et des espérances dans presque toutes les familles à travers le pays ; et le flux d'émigration des congolais vers les États voisins stables est nettement supérieur au flux d'immigration en RDC.

Donc, il est évident qu'en dehors de toute instrumentalisation complotiste et électoraliste, la nationalité congolaise est bien de faible attractivité ; elle n'a d'intérêt que pour la masse d'individus piégée par la pauvreté sur le territoire national, unie dans un même effort de survie immédiate, dans la même espérance de pleine réalisation de leurs droits fondamentaux, pour de donner un sens et un contenu à leur enracinement ; elle devrait donc être conçue en réponse à cet effort et cette espérance collectifs, et sur base de ce besoin d'enracinement, unissant et solidarisant les individus au-delà de leurs origines ethniques ou nationales.

6.2 La distinction entre le droit d'autochtonie et la nationalité congolaise d'origine

Pour mieux les distinguer, il faut circonscrire le droit d'autochtonie **(6.2.1)**, par rapport à la nationalité congolaise d'origine **(6.2.2)**, et pointer leur confusion inappropriée **(6.2.3)**

6.2.1 Le droit d'autochtonie

Tel qu'il résulte de l'économie de la *Déclaration des Nations Unies sur les droits des peuples autochtones*, du 13 septembre 2007, l*e* droit d'autochtonie résume l'ensemble de droits de tous ordres (politiques, sociaux, économiques et culturels), déduits d'une propriété foncière ancestrale, fondement des sociétés primitives précoloniales. Il consiste ainsi principalement en la jouissance traditionnelle et collective des produits de la *terre ancestrale*, et en l'organisation sur cette dernière de la vie politique, culturelle et sociale, assortie d'un droit fondamental à la protéger et à la défendre.

Ainsi appréhendé, le *droit d'autochtonie* se déduit d'un lien parenté clanique, tribal ou ethnique unissant les membres d'une communauté, existant avant la formation de l'État moderne, dans une alliance mystique avec leur territoire érigé en *propriété ancestrale*. S'exerçant par rapport à la souveraineté territoriale de l'État moderne, sa revendication ou sa reconnaissance actuelles visent principalement l'accès exclusif ou préférentiel des autochtones aux produits de la *terre ancestrale* et la participation exclusive au pouvoir coutumier, en vue de protéger leur culture ou leur mode de vie traditionnel.

En RDC, le *droit d'autochtonie* était reconnu par le pouvoir colonial dans les limites des possessions foncières, érigées en « terres indigènes » et organisées politiquement en *chefferies indigènes*, éparpillées sur l'immense domaine foncier de l'État[127] ; il constituait ainsi une forme de *droit de cité coutumier ou indigène* sur le territoire du Congo belge ; il est actuellement

[127]Voir ci-avant Chap. II, I, 1. 1.1

reconnu et protégé dans les mêmes limites territoriales par les lois foncière, agricole, forestière et territoriale, en vigueur.

6.2.2 La nationalité congolaise d'origine

Contrairement au *droit d'autochtonie*, la nationalité congolaise d'origine signifie le droit fondamental d'accéder aux droits civils et politiques, sociaux, économiques et culturels que les résolutions des Nations Unies obligent ses États membres à garantir à tous les individus durablement établis sur leurs territoires.

Ainsi comprise, la nationalité congolaise d'origine devrait être, à la date du 30 juin 1960, la qualification juridique du lien historique construit entre l'État colonial (EIC et le Congo belge) et tous les individus impliqués dans sa construction, habitant son territoire légué à la RDC, et tels que catégorisés par la charte coloniale[128].

Les enjeux de sa reconnaissance ou de sa revendication étant tels que définis ci-avant[129], la nationalité congolaise d'origine ne devrait pas être principalement induite, à l'échelle nationale, par des appartenances ethno-territoriales précoloniales, mais par le lien colonial ayant uni au destin du Congo belge des individus d'origines ethniques ou nationalités diverses, établis sur son territoire.

6.2.3 Confusion funeste et inappropriée

Telle que conçue sur base du critère d'appartenance ethno-territoriale, la nationalité congolaise d'origine est comme induite par l'addition ou la fusion des *droits d'autochtonie* précoloniaux. Ce qui est une confusion politiquement funeste et inappropriée, procédant d'une malicieuse extrapolation territoriale

[128]Voir ci-avant, chap II, I, 1, 1.2, 1.2.2
[129]Chap. III, III, 3, 3.2

de ces droits et de leur instrumentalisation à des fins électoralistes et discriminatoires.

En confinant le *droit d'autochtonie* sur les « terres indigènes », l'EIC s'était appropriée le reste du territoire national dit « terres vacantes », érigées en domaine public ou privé de l'État. Ce domaine étant extensible aux *terres indigènes* par purge des droits coutumiers et indemnisation compensatoire des ayants-droit indigènes, était soumis au droit colonial et organisé en « centres extra-coutumiers » et « centres urbains » ;sa mise en valeur avait bien brassé à ces endroits des ressources humaines issues d'origines ethniques et de nationalités diverses ; et les rapports sociaux, entre indigènes qui y étaient établis, étaient soustraits au droit coutumier, pour être régis par le droit civil écrit moderne. Ces indigènes y étaient donc destinés à s'affranchir de leurs liens ancestraux de solidarité clanique, tribale ou ethnique, pour en reconstruire un autre les unissant à l'État colonial, et impliquant son engagement à favoriser « l'expansion de leur liberté individuelle, leur accès à la propriété privée et au mariage monogamique[130] ».

À l'indépendance, la dissolution xénophobe de ce lien colonial au profit des liens ethno-territoriaux précoloniaux se traduisit par l'extension du *droit d'autochtonie* aux territoires des « centres extra-coutumiers » et des « centres urbains », au profit des autochtones des « terres indigènes » riveraines ; et dans les mêmes *centres* où les droits fonciers coutumiers avaient été purgés pour étendre le domaine de l'État, il fut réactivé au profit des ex-autochtones y résidant. Dans la course au pouvoir générale qui s'engagea dans ces *centres* coloniaux, cette extrapolation territoriale du droit d'autochtonie participait d'un stratagème politicien visant la stigmatisation des concurrents professionnels ou des adversaires politiques désignés comme allogènes. Le *droit d'autochtonie* sert depuis lors à revendiquer l'accès exclusif ou préférentiel aux mandats et emplois publics, ainsi qu'au marché du travail ou à toute autre opportunité dans tous les anciens « centres urbains » ou « extra-coutumiers », devenus les villes et communes de la RDC.

---

[130] Article 5 de la Charte Coloniale

Extrapolé et instrumentalisé pour cet enjeu d'égoïsme ethnique, le droit d'autochtonie a servi à l'installation et à l'entretien d'un climat de haine ethnique ou tribale, qui dégénéra, dès l'indépendance, en pogromes contre des groupes ethniques ou tribaux allogènes dans les « centres urbains » et «extra-coutumiers» du Katanga, de Luluabourg, de l'Ituri et du Kivu. Depuis lors, il opère ainsi, comme un principe de fragmentation haineuse du patrimoine humain historique de « ce qui est devenu le Congo ».

Mais paradoxalement, de principe d'exclusion et de discrimination ethnique au niveau local et provincial de l'État, le *droit d'autochtonie* fut converti à l'échelle nationale, par la constituant de 1964, en ce traditionnel critère d'appartenance ethno-territoriale qui fonde la nationalité congolaise d'origine. Ce qui, dans les provinces du Kivu et de l'Ituri va en faire un instrument de contestation haineuse de la nationalité des catégories ethniques transfrontalières et de propagande xénophobe contre les pays voisins, impliquant cette violence ethno-xénophobe sournoise qui y sévit.

6.3 Les nouveaux critères de reconnaissance

En reconcevant la nationalité congolaise d'origine sur l'enracinement individuel comme critère de base **(6.3.1)**, nous pouvons la redéfinir en y déduisant le *droit de cité colonial* comme critère rétrospectif et rectificatif **(6.3.2)**, et puis la possession d'état de congolais comme critère d'actualisation **(6.3.3)**, l'appartenance au groupe ethnique autochtone comme critère complémentaire et inclusif **(6.3.4)**, et enfin la filiation comme critère d'actualisation et prospectif **(6.3.5)**

6.3.1 L'enracinement individuel comme critère de base

L'appartenance ethno-territoriale étant peu fiable, inappropriée et même politiquement funeste comme critère principal et unique de constitution actuelle du patrimoine humain congolais, il faudrait lui substituer le critère d'enracinement individuel dans « ce qui est devenu le Congo », du 30 juin 1960 à ce jour.

L'enracinement individuel signifie l'encrage d'un individu dans l'environnement social, culturel, économique et politique de la collectivité nationale, du fait de sa participation naturelle, réelle et active à la destinée de cette dernière. Une telle participation procède du fait de naitre ou de s'établir sur le territoire national, de manière à y avoir l'essentiel de ses moyens d'existence, ainsi que de sa vie sociale et professionnelle ; trouvant tout son sens et son contenu dans la jouissance des droits fondamentaux sociaux, culturels, économiques et politiques, conditionnée par la reconnaissance de la nationalité d'origine d'un État, elle est la raison fondamentale de cette reconnaissance.

« Ce qui est devenu le Congo » c'est historiquement et juridiquement le Congo belge, lui-même issu de la transformation juridique de l'EIC. Ces deux entités n'ont jamais eu pour vocation de se constituer en une fédération ou confédération des groupements ethniques ou tribaux autochtones ; elles s'étaient formées dans la logique historique de formation d'un État moderne, unissant à son existence des individus de toutes origines nationales et ethniques, par un nouveau lien sociopolitique, compatible avec son développement, et dans l'idée de mieux les enraciner dans son propre ordre social, culturel, économique et politique.

L'indépendance signifiait la transformation de cet ordre colonial et supra-ethnique, en le rendant plus juste, libre et égalitaire pour tous les individus qui y étaient enracinés ; elle ne signifiait pas sa destruction, pour la restauration d'un *ordre ancestral ou précolonial* imaginaire (qui n'a jamais existé à l'échelle du territoire créé par le colonisateur) et le *déracinement* des individus allogènes ou étrangers.

6.3.2 Le droit de cité colonial comme critère rétrospectif et rectificatif

Rétrospectivement, nous pouvons remonter au 30 juin 1960 pour redéfinir la nationalité congolaise d'origine à partir du critère de *droit cité colonial*, comme il se déduit de la Charte coloniale[131], et signifiant le lien rattachant au Congo belge tous ses *habitants* soumis à ses lois, quant à la définition de leur statut personnel et patrimonial. Ce droit est essentiellement fondé sur la résidence habituelle ou le domicile.

En vertu de ce *droit de cité colonial*, devrait être congolais d'origine, à la date du 30 juin 1960, tout individu ayant son domicile sur le territoire du Congo, et qui était *indigène du Congo belge* (immatriculé ou non immatriculé) ou qui l'était devenu, conformément aux lois coloniales ; ou qui était *indigène des contrées voisines*, assimilé aux *indigènes du Congo belge* en vertu de mêmes lois[132].

L'intérêt actuel de cette redéfinition rétrospective du droit à la nationalité congolaise d'origine est de mettre juridiquement le patrimoine humain national à l'abri des remises en question passéistes, électoralistes et discriminatoires, éprouvant son unité, ainsi que la cohésion et la solidarité entre les individus qui le composent. Il s'agit concrètement de priver de toute base légale de la stigmatisation systématique et funeste des individus issus des catégories ethniques souvent visée (les *Bazombo*, *Banyarwanda* et *Barundi)*, ainsi que de toute autre ethnie transfrontalière.

6.3.3 La possession d'état de congolais comme critère d'actualisation

Comme critère d'actualisation, la possession d'état de congolais devrait permettre de déterminer le patrimoine humain de la RDC en tenant compte de son évolution réelle et actuelle, due au flux d'immigration habituel. Il y a en effet des immigrés dont le niveau d'enracinement dans l'environnement social, culturel et économique national y réduit leur perspective de survie à l'accès (même frauduleux) à la nationalité congolaise d'origine. Leur identification par l'ONIP, eu égards à cette

[131] Voir ci-avant chap II, I, 1, 1.2, 1.2.2

[132] Principalement, l'article 3 du décret du 02 mai 1910 portant réorganisation des chefferies indigènes.

contrainte socio-humaine, ne saurait être efficace et utile que si elle est assortie d'une faculté d'accès à la nationalité congolaise.

Au grès de la mobilité internationale, il y a des individus qui, venus de contrées voisines ou lointaines et en quête de survie personnelle, se sont installés en RDC et s'y sont enracinés dans une *indifférence* ou *tolérance administratives*, dues à l'inefficacité des services d'État civil et d'immigration. Ils s'y retrouvent ainsi piégés dans la pauvreté ou l'infortune collectives, unis aux autres congolais dans un même effort de survie et dans la même espérance d'un État prospère, égalitaire, juste et efficace. Leur indentification comme étrangers signifierait leur marginalisation par restriction ou privation de droits sociaux et économiques, liés à la détention de la nationalité congolaise, de manière à transformer leur enracinement sur le territoire national en une condamnation de fait à la pauvreté. Ils seraient ainsi nombreux à ruser, pour leurs survies individuelles, avec une opération d'indentification officielle pervertie en une *opération de déracinement et de précarisation* de leurs existences ; et l'État congolais n'aurait aucun bénéfice social, économique et politique à tirer de conséquences socio-humanitaires d'un déracinement des individus qui ont liés leurs sorts à son destin.

Face à ce défi, l'identification des étrangers, consécutive à la constitution du patrimoine humain national, gagnerait en efficacité et en crédibilité si elle est assortie d'une offre d'assimilation aux congolais d'origine, faite en faveur de ceux des immigrés pouvant, par leur niveau d'enracinement social, culturel et économique, prouver la possession d'état de congolais. Il devrait s'agir ainsi d'une offre circonstancielle, faite uniquement au profit des étrangers vivant sur le territoire national au moment de ces premières opérations d'identification de la population.

Ainsi devrait être assimilé aux congolais d'origine, tout individu de nationalité étrangère ou apatride, établi sur le territoire national depuis au moins 30 ans à dater du jour de premières opérations d'identification des étrangers par l'ONIP, y vivant de façon continue en y ayant l'essentiel de ses biens ou intérêts sociaux et professionnels, et ayant opté pour la nationalité congolaise d'origine à l'occasion de son identification ou dans un délai déterminé, après celle-ci.

6.3.4 Appartenance à un groupe ethnique autochtone comme critère complémentaire et inclusif

Il est démontré que le critère d'appartenance ethno-territorial ne peut principalement fonder le lien de nationalité construit entre un individu et un État moderne. En raison de l'obligation internationale de ce dernier de préserver les liens de parenté traditionnels, constitutifs de ses entités ethniques ou tribales autochtones, ce critère peut cependant justifier l'extension de sa nationalité aux membres de ces dernières ; il opérerait ainsi tel un critère complémentaire de reconnaissance de la nationalité congolaise d'origine.

Par sa résolution 61/295 du 13 septembre 2007 relative à la *Déclaration des Nations Unies sur les droits des peuples autochtones*, l'Assemblée Générale des Nations Unies recommande à ses États membres de garantir le droit des communautés ethniques ou tribales, placées sous leurs souverainetés territoriales, à défendre et à conserver leurs patrimoines humain, culturel, social et naturel[133]. Le lien de nationalité peut conforter et resserrer le lien traditionnel unissant une communauté autochtone à ses membres ou ses ressources humaines originaires, en les maintenant sous une même souveraineté juridico-territoriale, dans un contexte de grande mobilité transfrontalière, facilitée par la mondialisation. L'État peut donc garantir le droit de ses communautés autochtones à préserver leur capital humain traditionnel, en reconnaissant le droit à sa nationalité d'origine à leurs membres établis en dehors de son territoire. C'est dans ce seul cas de figure que l'application du critère d'appartenance ethno-territoriale peut se justifier dans la modernisation du critère de reconnaissance de la nationalité congolaise d'origine.

---

[133] Article 31 de la Déclaration des Nations Unies sur les droits des peuples autochtones

Donc, devrait être congolais d'origine, tout individu appartenant à un groupe ethnique établi et organisé coutumièrement sur une partie du territoire de la RDC, et ayant son domicile à l'étranger et même s'il a acquis une autre nationalité. Cette faveur reconnue à cette catégorie de congolais viserait à leur permettre de conserver le lien avec leurs communautés ethniques ou tribales d'origine, et faciliter leur participation à l'exercice de leurs droits traditionnels, tels que définis par la déclaration des Nations Unies en question.

6.3.5 La filiation comme critère d'actualisation et prospectif

Tel qu'opérée rétrospectivement et actuellement, suivant les critères définis ci-avant, la reconnaissance de la nationalité congolaise d'origine devrait logiquement s'étendre aux descendants de ceux qui devraient en bénéficier ; et la transmission par filiation du droit ainsi reconnu devrait ensuite en être la seule voie d'acquisition pour les temps futurs.

CONCLUSION

Plusieurs États issus de la décolonisation ont dû faire face à des dynamiques de fragmentation de leurs patrimoines humains hérités de la colonisation, induites par des tendances rétrogrades à leur autochtonisation. Mais très peu, dont la RDC, sont allés jusqu'à traduire ces dernières en règle de droit ethnicisant ou tribalisant le droit à leurs nationalités, et inspirant des actes de violence tribale ou ethnique qui s'en déduisent, à l'encontre des individus identifiés comme *étrangers* ou *allogènes*

Depuis l'accession de la RDC à l'indépendance, les politiciens ont systématiquement fixé son patrimoine humain historique à une telle règle de fragmentation xénophobe et ethnique, en vue de permettre son dépeçage en parts de suffrages ethno-électorales, consolidées par la stigmatisation ethno-xénophobe. Le risque de violence épurative qui en découle, tel que réalisé en 1993-1996 dans les provinces du Kivu contre les populations rwandophones, a été à la base de la guerre des Grands-Lacs et de la violence politico-ethnique résiduelle qui y sévit; et il fissure, par aillieurs, le patrimoine humain national à tous les endroits où le progrès économique et commercial aspire, brasse et enracine les individus d'origines ethniques diverses.

En faisant coïncider le lien ancestral d'appartenance ethno-territoriale et la nationalité congolaise d'origine, qui conditionne l'accès aux droit civils et politiques ainsi qu'à l'essentiel des droits sociaux et économiques, l'actuelle loi sur la nationalité est en contrepoint de cette évolution historique du patrimoine humain national, induite par le progrès économique et commercial ; et elle normalise les tendances subséquentes à son épuration ethno-xénophobe. Si elle profite ainsi à des politiciens démagogues comme base légale et justificative des arithmétiques ethno-électorales, elle nuit au développement national qui requiert l'unité, la cohésion et la solidarité entre tous les individus enracinés à tel ou tel autre endroit du territoire national, ainsi que leur accès équitable à tous les droits humains fondamentaux.

Ainsi, la présente réflexion fournit les éléments d'élaboration d'une nouvelle règle de reconnaissance de la nationalité congolaise d'origine, qui coïncide avec l'évolution historique du patrimoine humain national en préservant son unité, et ce, en contrepoint des tendances de sa fragmentation ethno-xénophobe, qui doivent être restituées dans leur nature criminelle et réprimées.

BIBLIOGRAPHIE GÉNÉRALE

FILIPPOVA Elena, *De L'ethnographie à l'ethnologie : Changer de nom ou changer de paradigme* ?, 1989-2008, éd. *L'homme*, Québec.

Henri BATIFFOL, *Traité élémentaire de Droit international privé*, 2e Édition, No. 60.

James FOX, *Dictionary of international and comparative law*, Oceana Publications, 1992, page 297.

KABUYA Lumuna, *Conflits à l'Est du Zaïre, Repères et enjeux*, Secco/Kivu, Kinshasa, 1997.

KALUBAMBI MPONGO Martin, *Transition et Conflits politiques au Congo-Kinshasa*, éd. Karthala, Paris, 1999.

KASSEM Mahmoud et al., *Rapport intérimaire du Groupe d'experts sur l'exploitation illégale des ressources naturelles de la RDC*, Nations Unies, New-York, mai 2001.

LECOCQ, Hans-Joachim, *Le Conflit frontalier germano-congolais de la Ruzizi-Kivu* (1895-1910) : *disputée par L'État indépendant du Congo, héritée par la Belgique, gagnée par l'Allemagne*, Faculté de philosophie, arts et lettres, Université catholique de Louvain, 2018.

MASURE François, « État et identité nationale, un rapport ambigu », in *Journal des anthropologues*, Hors-séries/ 2007.

MONCHY Virginie et al. *Rapport à mi-parcours du Groupe d'experts sur la République démocratique du Congo*, Conseil de Sécurité de l'ONU, S/2020/1283, 23 décembre 2020.

MORISHO Nene et al. *Mobilité des Hutu en Ituri, entre acceptation et méfiance*, Pole Institut, Goma, 2020.

WEIL Simone, *L'Enracinement : Prélude à une déclaration des devoirs envers l'être humain*, Gallimard, Paris, 1949, Collection Idées.

Crisis Groupe, *Le Dialogue inter-congolais: Poker menteur ou négociation politique*? , ICG Rapport Afrique N° 37, 16 novembre 2001.

IRC, « Mortality in the Democratic Republic of Congo: An ongoing crisis », https://www.rescue.org, rapport publié le 1ier mai 2007.

Commission Africaine des Droits de l'Homme et des Peuples, *Le Droit à la nationalité en Afrique*, 2014, www.achpr.org

Ministère des droits humains (RDC), *Livre blanc : La guerre d'agression en République Démocratique du Congo trois ans de massacres et de génocide « à huis clos»*, n° spécial, octobre 2001.

HCNUDH, *Rapport du Projet Mapping concernant les violations les plus graves des droits de l'homme et du droit international humanitaire commises entre mars 1993 et juin 2003 sur le territoire de la République démocratique du Congo*, Nations Unies, New-York, août 2010.

TABLE DES MATIERES

INTRODUCTION...9

CHAPITRE I : PRELIMINAIRES SEMANTIQUES........................15
I NOTION GÉNÉRALE DE NATIONALITÉ..............................15
1 Définition...15
2 Caractéristiques 16
3 Sortes...17
II NOTION GÉNÉRALE DE DROIT A LA NATIONALITÉ D'ORIGINE...17
1 Justification et intérêt..17
2 Définition...19
3 Caractéristiques 20

CHAPITRE II : LE PASSEISME HAINEUX 21
I PREMIÈRE RÉPUBLIQUE : LE DÉNI XÉNOPHOBE DE L'HÉRITAGE COLONIAL 21
1 Inventaire préalable des éléments constitutifs naturels du Congo belge..21
1.1 Patrimoine territorial..21
1.1.1 Archipel de possessions foncières coutumières dites « terres indigènes »..22
1.1.2 Les domaines privé et public de l'État......................23
1.2 Le patrimoine humain du Congo belge.........................24
1.2.1 Composition..24
1.2.2 Structure 24
2 Le déni de l'héritage colonial au moment de l'indépendance 30
3 La fragmentation haineuse du patrimoine humain historique de la RDC..31
3.1 Faille xénophobe à l'échelle nationale..........................31
3.2 Failles ethniques et tribales à l'échelle provinciale et locale 32
4 Velléités de préservation et de réaffectation postcoloniale du patrimoine humain historique de la RDC 34
4.1 La mise en perspective par la table ronde du critère de domicile pour la reconnaissance du droit à la nationalité d'origine................34
4.2 La consécration d'une règle d'épuration tribale assortie d'une faculté d'inclusion des habitants allogènes.................................35
II DEUXIEME REPUBLIQUE : AFFIRMATION PASSÉISTE DE LA RÈGLE D'ÉPURATION TRIBALE DU PATRIMOINE HUMAIN HISTORIQUE DE LA RDC 36

1 Consécration du mythe d'une nation zaïroise ancestrale constituée de tribus 37
2 Affirmation et précision de la règle d'épuration tribale 38
2.1 Contenu plus restrictif 38
2.2 Institution d'un système de preuve de la nationalité zaïroise d'origine fondé sur la traçabilité géographique du lien de parenté tribal 39
3 Inclusion à titre exceptionnel des individus issus de la catégorie coloniale des ressortissants du Ruanda-Urundi 40
4 La radicalisation de la règle d'épuration tribale à des fins électoralistes 42
4.1 Restauration de l'élection législative sur fond d'arithmétique ethno-électorale et de surenchère nationaliste 42
4.2 En remontant l'ascendance tribale au peuplement précolonial du territoire national 43
4.3 La réexclusion des ex-ressortissants du Ruanda-Urundi sur fond de stigmatisation des zaïrois d'expression rwandophone et d'ascendance précoloniale angolaise 44
III TRANSITION DEMOCRATIQUE : BASCULEMENT DANS L'ÉPURATION ETHNIQUE RWANDOPHOBE ET RECTIFICATION EN TROMPE-L'ŒIL 46
1 Sous le régime issu de la Conférence Nationale Souveraine 46
1.1Réaffirmation hystérique et rwandophobe de la règle légale d'épuration tribale 47
1.1.1 Une approche biaisée et grossière confondant le droit de nationalité et le droit à la nationalité d'origine 47
1.1.2 Moment de lucidité sur la problématique du critère d'ascendance tribale de la nationalité zaïroise d'origine, pour une piste de solution erronée et rwandophobe 49
A Triple problématique du critère d'ascendance tribale de la nationalité zaïroise d'origine 49
B Ouverture d'une piste de solution erronée et rwandophobe 50
1.2Recommandations d'une épuration ethnique rwandophobe grossièrement justifiées 51
1.2.1 Par des mensonges historiques 51
A Sur le séquençage historique du flux migratoire des populations rwandophones 52
B Sur le statut colonial des ressortissants du Ruanda-Urundi 54
1.2.2 Par un juridisme confus et étriqué 56
A Dans une perspective législative erronée 56
B Sur base d'une prétendue fraude à la nationalité 57
C Sur base d'une prétendue absence de risque d'apatridie 58
1.3 Rectification hypocrite par le rapport final des travaux de la CNS 60
1.4 L'implosion de violence ethnique rwandophobe dans les Kivu. 61

1.5 L'opportunité d'amalgame et de phobie populaire offerte par l'afflux de refugiés rwandais en 1994 63
1.6 Le rapport de la « Commission Vangu » et les résolutions d'épuration ethnique rwandophobes du HCR-PT 65
1.6.1 Jugement surréaliste des faits 65
1.6.2 Recommandations et résolutions d'épuration ethnique du HCR-PT 67
1.6.3 Libération et officialisation de la parole rwandophobe 68
1.7 La « révolte des banyamulenge » 70
1.7.1 De la revendication communautaire légale à une rébellion nationale 71
A Lettre du 10 juillet 1995 adressée au Président de la République 71
B La formation de l'Alliance Démocratique du Peuple transformée en Alliance des Forces Démocratiques pour la Libération 74
1.7.2 Mise en échec idéologique et politique 76
A Mise en échec idéologique 76
B Mise en échec politique 78
2 SOUS LE RÉGIME ISSU DU DIALOGUE INTER-CONGOLAIS 81
2.1 Velléités contrariées d'abolition de la règle d'épuration tribale du patrimoine humain national 81
2.1.1 Appels d'inscription de la question de nationalité à l'agenda prioritaire du DIC 81
2.1.2 Intérêt politicien de la majorité des participants de maintenir le statu quo 83
2.2 Reforme en trompe l'œil du critère légal de reconnaissance de la nationalité congolaise d'origine 85
2.2.1 Apparences d'inclusivité 85
A Catégorisation ethnique et socioculturelle du patrimoine humain national 85
B Prise en compte de l'évolution du peuplement durant la colonisation 88
2.2.2 Nouvel élément à potentiel discriminatoire 89
III TROISIEME REPUBLIQUE : IDÉOLOGISATION RWANDOPHOBE DE L'ÉPURATION ETHNIQUE DU PATRIMOINE HUMAIN NATIONAL 90
1 Stratagème de pollution mémorielle haineuse 90
1.1 La mobilisation des stratèges de la haine politique 91
1.2 La récupération démagogique des rapports des organismes internationaux sur les conséquences de la guerre des Grands-Lacs 93
1.3 L'utilisatisation des rapports en question comme instruments de mystification des masses et de construction de la haine 97
1.4 La criminalisation systématique de la « révolte des banyamulenge » 98
1.5 Institution d'une clameur publique rwandophobe 101
1.6 Recyclage des recommandations de la « Commission Vangu » du HCR-PT 104

1.7 Revendication d'un processus punitif dévoyant le processus « justice, vérité et réconciliation » 108
2 Prémices d'une nouvelle vague d'épuration ethno-xénophobe 109
2.1 La violence résiduelle et sournoise 110
2.2 L'interprétation complotiste de la mobilité post-conflit des congolais rwandophones 111
2.3 L'instrumentalisation politicienne des effets de la violence résiduelle 113
3 Le consensus national de la haine 115
4 Conception restrictive de la nouvelle règle constitutionnelle relative à la reconnaissance de la nationalité congolaise d'origine 116
4.1 Motivation et interprétation simplistes 117
4.2 Réduction à un cliché justificatif de l'épuration ethnique du patrimoine humain national 118
CHAPITRE III : VERS L'HUMANISME MODERNE 121
I UNE NOUVELLE PERSPECTIVE SOCIOPOLITIQUE 121
1. Assomption de l'héritage colonial 121
2 Une perception moderne et juste du lien de nationalité 122
3 Nouveau rapport des politiciens au peuple 124
II SIGNIFICATION CONCRÈTE DE L'ACTE DE RECONNAISSANCE D'UN DROIT À LA NATIONALITÉ D'ORIGINE 125
1 Sens réel de l'acte 125
2 Portée et finalité réelles de l'acte 126
2.1 Dans son sens positif 126
2.2 Dans son sens négatif tel que conçu et pratiqué en RDC 127
2.2.1 Acte rétrospectif de privation massive et abusive des droits fondamentaux 128
2.2.2 Offre de naturalisation sélective et prohibitive 129
2.2.3 Attentatoire à la paix sociale et à la stabilité politique 130
III CRITÈRES DE RECONNAISSANCE MODERNES 131
1 La double nécessité d'une identification précise du patrimoine humain historique de la RDC et de son actualisation 131
2 Nécessité d'un régime de preuve commode et efficace du droit reconnu 133
2.1 Incertitude du critère d'appartenance ethno-territoriale 133
2.2 Le double risque de fraude massive et de privation arbitraire.. 134
3 Véritables enjeux du droit à la nationalité congolaise d'origine 135
3.1 Enjeux primitifs ou passéistes du critère d'appartenance ethno-territoriale 135
3.2 Véritables enjeux de la reconnaissance du droit à la nationalité d'origine d'un État moderne 136

3.2.1 Citoyenneté et capital humain 136
3.2.2 Survie et épanouissement individuels 137
4 Les standards internationaux applicables 138
4.1 Les principes de l'Union Africaine 138
4.2 Critères recommandés 140
4.2.1 Recommandation d'application principale du critère de domicile ou résidence habituelle 140
4.2.2 Le jus soli et la possession d'état 141
4.2.3 Faculté d'application complémentaire du critère d'appartenance ethnique 142
5 Exemples d'application par d'autres 143
« États successeurs » 143
5.1 « États successeurs » recourant uniquement aux critères modernes 143
5.1.1 La Zambie 143
5.1.2 Le Sénégal 144
5.2 « États successeurs » associant les critères modernes et celui d'appartenance ethnique 145
5.2.1 Le Soudan du sud 145
5.2.2 Le Rwanda 146
5.2.3 Le Tchad 147
6 La modernisation de la nationalité congolaise d'origine 149
6.1 Précision du contexte actuel et immédiat 149
6.1.1 Nécessité de fiabiliser et de rationnaliser les opérations d'identification de la population 150
6.1.2 Le risque de dévoiement funeste des opérations d'identification de la population 151
6.1.3 La faible attractivité de la nationalité congolaise 152
6.2 La distinction entre le droit d'autochtonie et la nationalité congolaise d'origine 154
6.2.1 Le droit d'autochtonie 154
6.2.2 La nationalité congolaise d'origine 155
6.2.3 Confusion funeste et inappropriée 155
6.3 Les nouveaux critères de reconnaissance 157
6.3.1 L'enracinement individuel comme critère de base 157
6.3.2 Le droit de cité colonial comme critère rétrospectif et rectificatif 158
6.3.3 La possession d'état de congolais comme critère d'actualisation 159
6.3.4 Appartenance à un groupe ethnique autochtone comme critère complémentaire et inclusif 161
6.3.5 La filiation comme critère d'actualisation et prospectif 162

CONCLUSION 163
BIBLIOGRAPHIE GÉNÉRALE 165

Structures éditoriales du groupe L'Harmattan

L'Harmattan Italie
Via degli Artisti, 15
10124 Torino
harmattan.italia@gmail.com

L'Harmattan Hongrie
Kossuth l. u. 14-16.
1053 Budapest
harmattan@harmattan.hu

L'Harmattan Sénégal
10 VDN en face Mermoz
BP 45034 Dakar-Fann
senharmattan@gmail.com

L'Harmattan Cameroun
TSINGA/FECAFOOT
BP 11486 Yaoundé
inkoukam@gmail.com

L'Harmattan Burkina Faso
Achille Somé – tengnule@hotmail.fr

L'Harmattan Guinée
Almamya, rue KA 028 OKB Agency
BP 3470 Conakry
harmattanguinee@yahoo.fr

L'Harmattan RDC
185, avenue Nyangwe
Commune de Lingwala – Kinshasa
matangilamusadila@yahoo.fr

L'Harmattan Congo
67, boulevard Denis-Sassou-N'Guesso
BP 2874 Brazzaville
harmattan.congo@yahoo.fr

L'Harmattan Mali
ACI 2000 - Immeuble Mgr Jean Marie Cisse
Bureau 10
BP 145 Bamako-Mali
mali@harmattan.fr

L'Harmattan Togo
Djidjole – Lomé
Maison Amela
face EPP BATOME
ddamela@aol.com

L'Harmattan Côte d'Ivoire
Résidence Karl – Cité des Arts
Abidjan-Cocody
03 BP 1588 Abidjan
espace_harmattan.ci@hotmail.fr

Nos librairies en France

Librairie internationale
16, rue des Écoles
75005 Paris
librairie.internationale@harmattan.fr
01 40 46 79 11
www.librairieharmattan.com

Librairie des savoirs
21, rue des Écoles
75005 Paris
librairie.sh@harmattan.fr
01 46 34 13 71
www.librairieharmattansh.com

Librairie Le Lucernaire
53, rue Notre-Dame-des-Champs
75006 Paris
librairie@lucernaire.fr
01 42 22 67 13

www.ingramcontent.com/pod-product-compliance
Lightning Source LLC
LaVergne TN
LVHW021216061026
849535LV00008B/2767
9782343247892